Hernandes Dias Lopes

PIEDADE
e PAIXÃO

Edição revisada e ampliada

A VIDA DO MINISTRO é a VIDA DO SEU MINISTÉRIO

© 2008 por Hernandes Dias Lopes

1ª edição: outubro de 2016
3ª reimpressão: abril de 2023

REVISÃO
Josemar de S. Pinto
Raquel Fleischner

CAPA
Maquinaria Studio

DIAGRAMAÇÃO
Letras Reformadas

EDITOR
Aldo Menezes

COORDENADOR DE PRODUÇÃO
Mauro Terrengui

IMPRESSÃO E ACABAMENTO
Imprensa da Fé

As opiniões, as interpretações e os conceitos emitidos nesta obra são de responsabilidade do autor e não refletem necessariamente o ponto de vista da Hagnos.

Todos os direitos desta edição reservados à

EDITORA HAGNOS LTDA.
Rua Geraldo Flausino Gomes, 42, conj. 41
CEP 04575-060 — São Paulo, SP
Tel.: (11) 5990-3308

E-mail: hagnos@hagnos.com.br
Home page: www.hagnos.com.br

Editora associada à:

Dados Internacionais de Catalogação na Publicação (CIP)
Angélica Ilacqua CRB-8/7057

Lopes, Hernandes Dias

Piedade & paixão : a vida do ministro é a vida do seu ministério / Hernandes Dias Lopes. — São Paulo : Hagnos 2016.

Edição rev. e ampl.
ISBN 978-85-243-0524-5

1. Clero - Ministério 2. Compaixão (Ética) - Aspectos religiosos 3. Pregação 4. Piedade 5. Vida cristã I. Título

16-1107   CDD 253

Índices para catálogo sistemático:
1. Clero - Ministério

DEDICATÓRIA

Dedico este livro aos doutores David Jussely e Elias Medeiros, meus professores e conselheiros, homens de vida piedosa, ministério profícuo e profundo compromisso com a exposição fiel das Escrituras.

SUMÁRIO

Prefácio 7
Introdução 11

1. Piedade
   A vida do ministro é a vida do seu ministério . 17
2. Fome por Deus
   Oração e jejum 37
3. Fome pela Palavra de Deus
   O estudo do pregador 61
4. Unção
   A ação do Espírito Santo 73
5. Paixão
   Lógica em fogo 83

Conclusão 91

PREFÁCIO

A IGREJA EVANGÉLICA BRASILEIRA está crescendo assustadora e desordenadamente. Qualquer pastor ou líder que pretende avaliar honestamente a condição em que ela se encontra neste início do século 21 terá de fazer uma introspecção muito cuidadosa.
Por quê?
Porque a igreja é o reflexo do seu pastor.
No entanto, infelizmente, os ministros evangélicos têm sido arrastados por uma tormenta espiritual, emocional e social que desabou sobre suas casas e igrejas, comunidades e culturas.
Será que o ministério faz diferença nestes tempos moralmente atribulados e desconexos?
Sim! Necessitamos urgentemente de homens de Deus para liderarem os rebanhos. Contudo, os pastores, aqueles que têm a missão de orientar, equipar, socorrer as ovelhas, também correm sérios perigos. Com o crescimento numérico da igreja, "bebês" na fé esperam ser alimentados. O desafio é gigantesco!
Existem, sim, aqueles que arregaçam as mangas, dispostos não apenas a "fazer os partos", mas também a alimentar aqueles que estão

crescendo, até conduzi-los em seus primeiros passos rumo à vida madura, quando estarão "aptos à reprodução".

No entanto, são muitos os que têm caído à beira das estradas, vencidos pelo cansaço, pelo desânimo e pelo desespero. Outros desistem do ministério após fracassos morais e familiares. Ainda há os que estão exaustos depois de sofrerem financeiramente durante anos, desvalorizados por uma igreja que não hesita em abusar de sua entrega ao trabalho de Deus.

Meu amigo pastor Hernandes Dias Lopes, que tem percorrido todo o Brasil, pregado em centenas de igrejas de várias denominações, inclusive no exterior, ouviu atentamente pastores e membros.

Ele viu ministros sérios desenvolvendo trabalhos dignos do nome de Cristo; viu, porém, pastores íntegros e bem-intencionados que, por desconhecimento ou pura desobediência, quebraram princípios bíblicos e estavam recebendo dividendos vergonhosos.

Ele presenciou a luta de pastores por autorrealização, negligenciando nesse processo esposa e filhos. Pastores com prioridades invertidas pagando alto preço por sua opção. Pastores possuídos por uma postura dominadora, por vezes agindo como autênticos déspotas contra suas ovelhas, deixando-as humilhadas e desgarradas.

Viu líderes e ministros evangélicos serem tentados – muitos caindo, deixando atrás de si uma esposa traída e amargurada, filhos desolados e perdidos, afastados do evangelho; igrejas divididas e desacreditadas.

Ele ainda viu colegas vendendo seu ministério, seu pastorado no altar do evangelho da prosperidade. Homens que priorizaram o crescimento quantitativo e financeiro, enquanto as pessoas morrem de fome por falta de instrução bíblica clara, de um pastoreio compassivo e um comprometimento irrestrito.

Depois de analisar cuidadosamente a situação da igreja, o pastor Hernandes está convencido de que a maior necessidade que ela apresenta atualmente é de uma profunda restauração espiritual na vida dos próprios pastores.

O Reino precisa de mais pastores segundo o coração de Deus; profetas do Senhor no púlpito, instrumentos cheios do Espírito Santo, inflamados e apaixonados; homens de profunda intimidade com o Pai através da oração e da meditação na Palavra.

Em seu livro instigante, ele destaca a vida, o caráter do pastor, sua intimidade com Deus através do estudo da Bíblia, da oração e do jejum – e a suprema importância de ser ungido e cheio do Espírito Santo, tendo paixão pelo ministério.

Após ter lido *Piedade e paixão*, fui sensivelmente desafiado a avaliar minha própria vida, minha intimidade com Deus e meu ensino e pregação. Para mim, pessoalmente, este livro é um recado divino: "Cuide-se!"

Jaime Kemp

INTRODUÇÃO

Pregadores rasos e secos pregam sermões sem poder para auditórios sonolentos

Todos nós precisamos de modelos para viver. Aprendemos pela observação. Mentores espirituais são uma necessidade em nossa jornada. Todo Josué precisa de um Moisés, todo Eliseu precisa de um Elias, todo Timóteo precisa de um Paulo. Quando seguimos as pegadas de homens piedosos, que percorrem as veredas da probidade, alcançamos uma vida bem-aventurada; porém, quando seguimos os modelos errados, colhemos os amargos frutos de uma dolorosa decepção. Homens cheios do Espírito Santo são como mourões e esteios em nossa vida. São referenciais e marcos balizadores em nosso caminho. Eles são como espelhos para nós. Quando miramos o espelho, vemos a nós mesmos. O espelho nos mostra quem somos e aponta-nos onde precisamos melhorar a nossa imagem. O espelho possui algumas características que lançam luz sobre a vida do pregador como um referencial para a igreja.

Em primeiro lugar, o espelho é mudo e nos mostra quem somos não pelo som, mas através da imagem. Ele não discursa; ele revela. Não alardeia;

reflete. Assim deve ser o pregador. Seu sermão mais eloquente não é o sermão pregado do púlpito, mas aquele vivido no lar, na igreja e na sociedade. Ele não prega apenas aos ouvidos, mas também aos olhos. Não prega apenas com palavras, mas sobretudo com a vida e o exemplo. O exemplo não é apenas uma forma de ensinar, mas *a* única forma eficaz.

Em segundo lugar, o espelho deve ser limpo. Um espelho embaçado e sujo não pode refletir a imagem com clareza. Quando o pregador vive uma duplicidade, quando usa máscaras vivendo como um ator, quando fala uma coisa e vive outra, quando há um abismo entre o que professa e o que pratica, quando os seus atos reprovam as suas palavras, então ficamos confusos e decepcionados. Um pregador impuro no púlpito é como um médico que começa uma cirurgia sem fazer assepsia das suas mãos. Ele causará mais mal do que bem.

Em terceiro lugar, o espelho precisa ser plano. Um espelho côncavo ou convexo distorce e altera a imagem. Precisamos ver no pregador um exemplo de vida ilibada e irrepreensível. O pecado do líder é mais grave, mais hipócrita e mais danoso em suas consequências. Mais grave porque os pecados do mestre são os mestres do pecado. E mais hipócrita porque ao mesmo tempo que combate o pecado em público, ele o pratica em secreto. Ao mesmo tempo que o condena nos outros, capitula-se à sua força e o abriga no coração. É mais danoso em suas consequências porque o líder, ao pecar contra um maior conhecimento, sua queda torna-se mais escandalosa. Quanto maior uma árvore, maior é o estrondo da sua queda. Quanto mais projeção tiver um líder, maior será a decepção com o seu fracasso. Quanto mais amada for uma pessoa, maior poderá ser a dor se ela destruir com as suas próprias mãos o referencial em que ela investiu toda uma vida para nos ensinar.

Finalmente, o espelho precisa ser iluminado. Sem luz, podemos ter espelho e olhos, mas ainda assim ficaremos imersos em trevas espessas. Deus é luz. Sua Palavra é luz. Sempre que um líder afasta-se de Deus e da sua Palavra, a sua luz apaga-se e todos aqueles que o miravam como um alvo ficam perdidos e confusos. Os mourões que sustentam os valores da sociedade estão caindo. As cercas estão se afrouxando. Os muros da nossa civilização estão quebrados, e as portas de proteção e liberdade estão queimadas a fogo. Estamos expostos a toda sorte de influências destrutivas, porque os nossos referenciais estão fracassando.

A crise avassaladora que atinge a sociedade também alcança a igreja. Embora estejamos assistindo a uma explosão de crescimento da igreja evangélica brasileira, não temos visto a correspondente transformação na sociedade. Muitos pastores, no afã de buscar o crescimento de suas igrejas, abandonam o genuíno evangelho e se rendem ao pragmatismo prevalecente da cultura pós-moderna. Buscam não a verdade, mas o que funciona; não o que é certo, mas o que dá certo. Pregam para agradar os seus ouvintes, e não para levá-los ao arrependimento. Pregam o que eles querem ouvir, e não o que eles precisam ouvir. Pregam outro evangelho, um evangelho antropocêntrico, de curas, milagres e prosperidade, e não o evangelho da cruz de Cristo. Pregam não todo o conselho de Deus, mas doutrinas engendradas pelos homens. Pregam não as Escrituras, mas as revelações heterodoxas de seu próprio coração.

O resultado desse semievangelho é que muitos pastores e pregadores passam a fazer do púlpito um balcão de negócios, do templo uma praça de barganhas, onde as bênçãos e os milagres de Deus são comprados por dinheiro. Outros passam a governar as ovelhas de Cristo com dureza e rigor. Encastelam-se no topo de uma teocracia absolutista e rejeitam ser questionados. Exigem de seus fiéis uma obediência subserviente e cega. O resultado é que o povo de Deus perece por falta de conhecimento e de padrões.

A crise teológica e doutrinária deságua na crise moral. Nessa perda de referenciais, muitos líderes têm caído nas armadilhas insidiosas do sexo, do poder e do dinheiro. A crise moral na vida de muitos pastores brasileiros tem sido um terremoto avassalador. Muitos ministros do evangelho que eram considerados modelos e exemplos para suas igrejas têm sucumbido na vida moral. Muitos líderes de projeção nacional têm naufragado no casamento. Não poucos são aqueles que têm dormido no colo das Dalilas e acordado como Sansão, sem poder, sem dignidade, sem autoridade, ficando completamente subjugados nas mãos do inimigo. A cada ano cresce o número de pastores que naufragam no ministério por causa de sexo, dinheiro e poder. É assustador o número de pastores que estão no ministério, subindo ao púlpito a cada domingo, exortando o povo de Deus à santidade, combatendo tenazmente o pecado e ao mesmo tempo vivendo uma duplicidade, uma mentira dentro de casa, sendo maridos insensíveis e infiéis, pais autocráticos e sem nenhuma doçura com os filhos. Há muitas esposas de pastores vivendo o drama de ter um marido exemplar no púlpito e um homem intolerante dentro de casa. Há muitos pastores que já perderam a unção e continuam no ministério, sem chorar pelos seus próprios pecados. Não são poucos aqueles que em vez de alimentar o rebanho de Cristo têm apascentado a si mesmos. Em vez de proteger o rebanho dos lobos vorazes, são os próprios lobos vestidos de toga. Charles H. Spurgeon dizia que um pastor infiel é o maior agente de Satanás dentro da igreja.

O número de pastores e líderes que estão abandonando o lar, renegando os votos firmados no altar, divorciando-se por motivos banais, não permitidos por Deus, e casando-se novamente é estonteante. Essa perda de referencial é como um atentado terrorista contra a igreja de Deus. Ela produz perdas irreparáveis, sofrimento indescritível, choro inconsolável e feridas incuráveis. O pior é que o nome de Deus é blasfemado entre os incrédulos por causa desses escândalos.

A classe pastoral está em crise. Crise vocacional, crise familiar, crise teológica, crise espiritual. Quando os líderes estão em crise, a igreja também está. A igreja reflete os seus líderes. Não existem líderes neutros. Eles são uma bênção ou um entrave para o crescimento da igreja.

A crise pastoral é refletida diretamente no púlpito. Estamos vendo o empobrecimento dos púlpitos. Poucos são os pastores que se preparam convenientemente para pregar. Há muitos que só preparam a cabeça, mas não o coração. São cultos, mas vazios. São intelectuais, mas áridos. Têm luz, mas não fogo. Têm conhecimento, mas não unção. Pregadores rasos e secos pregam sermões sem poder para auditórios sonolentos. Se quisermos um reavivamento genuíno na igreja evangélica brasileira, os pastores são os primeiros que terão de acertar sua vida com Deus.

É tempo de orarmos por um reavivamento na vida dos pastores. É tempo de pedirmos a Deus que nos dê pastores segundo o seu coração. Precisamos de homens de Deus no púlpito. Precisamos de homens cheios do Espírito, de homens que conheçam a intimidade de Deus. John Wesley dizia: "Dá-me cem homens que não amem ninguém mais do que a Deus e que não temam nada senão o pecado, e com eles eu abalarei o mundo".

Quando o pastor é um graveto seco que pega o fogo do Espírito, até lenha verde começa a arder.

1

PIEDADE

A VIDA DO MINISTRO É A VIDA DO SEU MINISTÉRIO

UMA DAS ÁREAS MAIS importantes da pregação é a vida do pregador. John Stott afirma que a prática da pregação jamais pode ser divorciada da pessoa do pregador.[1] A pregação com consistente exegese, sólida teologia e brilhante apresentação não glorificará a Deus, não alcançará os perdidos nem edificará os crentes sem um homem santo no púlpito. O que nós precisamos desesperadamente nestes dias não é apenas de pregadores eruditos, mas sobretudo de pregadores piedosos. Erroll Hulse define pregação como sagrada eloquência através de um embaixador cuja vida deve ser consistente em todos os aspectos com a mensagem

---

[1] STOTT, John R. W. *I believe in preaching. The preacher as a person.* London: Hodder and Stoughton, 1982, p. 265.

que ele proclama.[2] A vida do pregador fala mais alto que os seus sermões. "A ação fala mais alto que as palavras. Exemplos influenciam mais que preceitos."[3] E. M. Bounds descreve essa realidade da seguinte maneira:

> Volumes têm sido escritos ensinando detalhadamente a mecânica da preparação do sermão. Temos nos tornado obcecados com a ideia de que estes andaimes são o próprio edifício. O pregador jovem tem sido ensinado a gastar toda a sua força na forma, estilo e beleza do sermão como um produto mecânico e intelectual. Como consequência, temos cultivado esse equivocado conceito entre o povo e levantado um clamor por talento em vez de graça. Temos enfatizado eloquência em vez de piedade, retórica em vez de revelação, fama e desempenho em vez de santidade. O resultado é que temos perdido a verdadeira ideia do que seja pregação. Temos perdido a pregação poderosa e a pungente convicção de pecado [...]. Com isso não estamos dizendo que os pregadores

---

[2] HULSE, Erroll. "The preacher and piety". In: LOGAN JR., Samuel T. (ed.). *The preacher and preaching: peviving the art in the twentieth century.* Phillipsburg: Presbyterian and Reformed Publishing Company, 1986, p. 62.

[3] SHAW, John. *The Character of a Pastor According to God's heart considered.* Morgan: Soli Deo Gloria Publications, 1998, p. 6.

estão estudando muito. Alguns deles não estudam. Outros não estudam o suficiente. Muitos não estudam a ponto de se apresentarem como obreiros aprovados que não têm de que se envergonhar (2Tm 2:15). Mas nossa grande falta não é em relação à cultura da cabeça, mas à cultura do coração. Não é falta de conhecimento, mas falta de santidade [...]. Não que não conheçamos muito, mas é que não meditamos o suficiente sobre Deus e sua Palavra. Nós não temos vigiado, jejuado e orado o suficiente.[4]

A vida do ministro é a vida do seu ministério. "A pregação poderosa está enraizada no solo da vida do pregador."[5] Uma vida ungida produz um ministério ungido. Santidade é o fundamento de um ministério poderoso. Piedade é uma vital necessidade na vida de todo pregador. Erroll Hulse define piedade:

> Piedade é uma constante cultura da vida interior de santidade diante de Deus e para Deus, que por sua vez se aplica em todas as outras esferas da vida e prática. Piedade consiste em oração junto ao trono de Deus, estudo de sua Palavra em sua presença e a

---
[4] BOUNDS, E. M. "Power through prayer". In: *E. M. Bounds on prayer*. New Kensington: Whitaker House, p. 499.
[5] MARTIN, A. N. *What's wrong with preaching today?* Edinburgh: The Banner of Truth Trust, 1992, p. 6.

manutenção da vida de Deus em nossa alma, que afeta toda a nossa maneira de viver.[6]

R. L. Dabney diz que a primeira qualificação de um orador sacro é uma sincera e profunda piedade.[7] Um ministro do evangelho sem piedade é um desastre. Infelizmente, a santidade que muitos pregadores proclamam é cancelada pela impiedade de sua vida. Há um divórcio entre o que os pregadores proclamam e o que eles vivem. Há um abismo entre o sermão e a vida, entre a fé e as obras. Muitos pregadores não vivem o que pregam. Eles condenam o pecado no púlpito e o praticam em secreto. Charles Spurgeon chega a afirmar que "o mais maligno servo de Satanás é o ministro infiel do evangelho".[8]

John Shaw diz que, enquanto a vida do ministro é a vida do seu ministério, os pecados do ministro são os mestres do pecado. Ele ainda afirma que é uma falta indesculpável no pregador quando os crimes e pecados que ele condena nos outros são justamente praticados por ele.[9] O apóstolo Paulo evidencia esse grande perigo:

---

[6] HULSE, Erroll. Op. cit., p. 65.
[7] DABNEY, R. L. *Evangelical eloquence: a course of lectures on preaching*. Pennsylvania: The Banner of the Truth Trust, 1999, p. 40.
[8] SPURGEON, Charles Haddon. *Um ministério ideal*. São Paulo: PES, 1990, vol. 2, p. 65.
[9] SHAW, John. Op. cit., p. 5-6.

Tu, pois, que ensinas os outros, não ensinas a ti mesmo? Tu, que pregas que não se deve furtar, furtas? Tu, que dizes que não se deve cometer adultério, adulteras? Tu, que abominas os ídolos, rouba-lhes os templos? Tu, que te glorias na lei, desonras a Deus pela transgressão da lei? Pois, como está escrito, por vossa causa o nome de Deus é blasfemado entre as nações. (Romanos 2:21-24, A21)

Richard Baxter diz que os pecados do pregador são mais graves do que os pecados dos demais homens, porque ele peca contra o conhecimento. Ele peca contra mais luz. Os pecados do pregador são mais hipócritas, porque ele tem falado diariamente contra eles. Mas também os pecados do pregador são mais pérfidos, porque ele tem se engajado contra eles.[10] Antes de pregar aos outros, o pregador precisa pregar a si mesmo. Antes de atender sobre o rebanho de Deus, o pregador precisa cuidar da sua própria vida (Atos 20:28). Conforme escreve Thielicke, "seria completamente monstruoso para um homem ser o mais alto em ofício e o mais baixo em vida espiritual; o primeiro em posição e o último em vida".[11]

---

[10] BAXTER, Richard. *The reformed pastor*. Edinburgh: The Banner of Truth Trust, 1999, p. 76-77.
[11] THIELICKE, Helmut. *Encounter with Spurgeon*. Philadelphia: Fortress Press, 1963, p. 116.

É bem conhecido o que disse Stanley Jones: "O maior inimigo do cristianismo não é o anticristianismo, mas o 'subcristianismo'". O maior perigo não vem de fora, mas de dentro. Não há maior tragédia para a igreja do que um pregador ímpio e impuro no púlpito. Um ministro mundano representa um perigo maior para a igreja do que falsos profetas e falsas filosofias. É um terrível escândalo pregar a verdade e viver uma mentira, chamar o povo à santidade e viver uma vida impura. Um pregador sem piedade é uma contradição, um inaceitável escândalo. Um pregador sem piedade presta um grande desserviço ao reino de Deus. William Evans adverte:

> O pregador precisa ser puro em todos os hábitos de sua vida. Pequenas raposas destroem a vinha. Ele não pode ter hábitos impuros nem vícios secretos. Deus abertamente exporá à vergonha pública aqueles que cometem seus pecados em secreto. A vida de Davi é uma ilustração dessa verdade (2Sm 12:12). A exortação de Paulo a Timóteo é pertinente: fuja das paixões da mocidade. O pregador será privado do poder no púlpito se não for limpo em sua vida privada. Não poderá pregar ao seu povo com poder se sabe que sua vida é impura. A confiança do povo repreenderá a sua hipocrisia. Se um pregador não purificar a si mesmo, não será um vaso

de honra nem poderá ser usado pelo divino Mestre para toda a boa obra.[12]

Segundo Charles H. Spurgeon, "é uma coisa horrível ser um ministro inconsistente".[13] O apóstolo João adverte: *Aquele que diz que permanece nele, esse deve também andar assim como ele andou* (1João 2:6). O apóstolo Paulo dá o seu testemunho: *Sede meus imitadores, como também eu sou de Cristo* (1Coríntios 11:1). Pedro e João disseram ao paralítico que estava mendigando à porta do templo: *Olha para nós* (Atos 3:4). Gideão disse aos seus soldados: *Olhai para mim e fazei como eu fizer* (Juízes 7:17). O pregador deve ser um modelo para todos os crentes (1Timóteo 4:16). Quando os pregadores não são coerentes, a sua pregação torna-se vazia, pobre e infrutífera. Eloquência sem piedade não pode gerar verdadeiros crentes. Ortodoxia sem piedade produz morte, e não vida.

Em 1Timóteo 6:11-14 Paulo lista quatro marcas de um homem de Deus: ele deve ser identificado por aquilo do que *foge*, por aquilo que *segue*, por aquilo pelo qual *luta* e por aquilo ao qual é *fiel*.[14] A Bíblia não é um livro silencioso a respeito

---

[12] EVANS, William. *How to prepare sermons*. Chicago: Moody Press, 1964, p. 17-18.
[13] SPURGEON, Charles Haddon. *Lectures to my students*. Grand Rapids: Associated Publishers and Authors, 1971, p. 13.
[14] MACARTHUR JR., John. *Rediscovering expository preaching*. Dallas: Worldly Publishing, 1992, p. 86.

da necessidade imperativa do caráter íntegro e da profunda piedade do pregador. O apóstolo Paulo adverte seu filho Timóteo: *Tem cuidado de ti mesmo e da doutrina* (1Timóteo 4:16). Em suas cartas a Timóteo (1Timóteo 3:1-7) e a Tito (Tito 1:5-9) Paulo oferece um *check-up* para o pregador; em 1Tessalonicenses 2:1-12 aprofunda o tema sobre a vida do pregador. Nesse texto Paulo apresenta três solenes princípios: primeiro, o pregador precisa de uma MISSÃO CONCEDIDA PELO PRÓPRIO DEUS (v. 1,2); segundo, o pregador precisa de uma GENUÍNA MOTIVAÇÃO (v. 3-6); terceiro, o pregador precisa de MANEIRAS GENTIS. O apóstolo Paulo dá o seu próprio exemplo. Ele era como uma mãe para o seu povo (v. 7,8), era como um trabalhador (v. 9,10) e comparou-se a um pai (v. 11,12).[15]

Muitas das derrotas que os pregadores têm sofrido ocorrem porque eles não têm fome de santidade.[16] Infelizmente, muitos pregadores estão vivendo como atores. Representam diante do povo o que não vivem em seu lar ou em sua vida privada. Usam máscara, vivem uma mentira, pregam sem poder e levam a congregação a dormir ou se entediar com sermões vazios e secos. Muitos pregadores pretendem ser no púlpito o que não são

---

[15] VINES, Jerry e SHADDIX, Jim. *Power in the pulpit: how to prepare and deliver expository sermons.* Chicago: Moody Press, 1999, p. 73-74.
[16] MARTIN, A. N. Op. cit., p. 14.

na realidade. Piedade no púlpito precisa ser acompanhada de piedade no lar. É impossível ser um pregador eficaz e ao mesmo tempo um mau marido ou pai. Nem ser boca de Deus e carregar ao mesmo tempo um coração ensopado e entupido de impureza (Jeremias 15:19). Não é possível lidar de forma elevada e santa com as coisas espirituais e lidar de forma má e impura com as coisas terrenas. A. N. Martin afirma: "Muitos ministérios de alguns preciosos servos de Deus estão fracassando pelo insucesso da prática de piedade no reino da vida doméstica".[17]

Piedade é um caminho de vida. Isso inclui vida doméstica e relacionamento do marido com a esposa e do pai com os filhos. O apóstolo Paulo exorta: *Pois, se alguém não sabe governar a própria casa, como cuidará da igreja de Deus?* (1Timóteo 3:5). Assim, um ministro sem piedade não tem autoridade para pregar o santo evangelho. Não atrai pessoas para a igreja, mas as repele. Ele não constrói pontes para aproximar-se das pessoas; cava abismos para separá-las do Senhor. Charles H. Spurgeon afirma que "a vida do pregador deveria ser como um instrumento magnético a atrair as pessoas para Cristo; mas é triste constatar que muitos pregadores afastam as pessoas de Cristo".[18] Ministros sem piedade têm sido o principal impedimento para o saudável

---
[17] Idem.
[18] SPURGEON, Charles Haddon. Op. cit., 1990, p. 14.

crescimento da igreja. É bem conhecido o que Dwight Moody disse: "O principal problema da obra são os obreiros". Semelhantemente, David Eby escreve: "Os pregadores são o real problema da pregação".[19]

No Brasil e ao redor do mundo muitos pregadores têm caído em terríveis pecados morais, provocando escândalos e produzindo grande sofrimento ao povo de Deus. Catástrofes espirituais, que vão de pastores adúlteros a divórcio na família pastoral, têm se tornado inaceitavelmente muito frequentes. Em recente pesquisa no Brasil, constatou-se que as três classes mais desacreditas do país são: os políticos, a polícia e os pastores. No passado quando alguém se apresentava como pastor, portas se-lhe abriam. Hoje, quando alguém se apresenta como pastor, portas se fecham. Em muitos redutos, "pastor" tornou-se sinônimo de caloteiro. Suas palavras são vazias de valor. Sua conduta é repreensível e sua vida é reprovável.

Torna-se cada vez mais comum, em solo pátrio, homens inescrupulosos, em nome de Deus, transformarem a igreja de Deus em empresa particular, o evangelho num produto, o púlpito num balcão, o templo em praça de comércio e os crentes em consumidores. Esses despachantes da fé, caloteiros espirituais, mercadejam a Palavra de Deus com o propósito de se enriquecerem. Torcem

---

[19] EBY, David. *Power preaching for church growth*. La Habra: Mentor Publications, 1998, p. 11.

a mensagem para enganar os fiéis com o fim de arrancar-lhes o último centavo. Esses embaixadores de si mesmos, constroem verdadeiros impérios financeiros e vivem em torres de marfim para engordar o coração no luxo e no fausto.

Multiplicam-se os escândalos financeiros dentro dos redutos chamados evangélicos. O amor ao dinheiro suplantou o amor a Cristo e à sua igreja. Na esteira desses escândalos, vêm outros problemas morais atrelados. Charles Colson comenta:

> O índice de divórcio entre os pastores está aumentando mais rápido do que entre outras profissões. Os números mostram que um em cada dez tem tido envolvimento sexual com um membro de sua congregação e 25% tem tido contato sexual ilícito.[20]

A única maneira de viver uma vida pura é guardar puro o coração através da meditação da Palavra (Salmos 119:9). Salomão exorta: *Sobre tudo o que se deve guardar, guarda o teu coração, porque dele procedem as fontes da vida* (Provérbios 4:23). Jó disse que fez uma aliança com os seus próprios olhos, de não fixá-los com lascívia em uma donzela (Jó 31:1). Aquele que guarda o seu coração, bem como os seus olhos, estará seguro. O adultério tem

---

[20] COLSON, Charles. *The body*. Waco: Word Press, 1992, p. 304.

sido a principal causa da queda de muitos ministros hoje.[21] Todos os pregadores devem estar alerta.

Há, contudo, muitos pregadores que vivem uma vida mundana e mesmo assim recebem muitas pessoas em suas igrejas. Para alcançar seus objetivos, esses pregadores se rendem à filosofia pragmática. Para eles, o importante não é mais a verdade, mas o que funciona; não o que é certo, mas o que *dá* certo. Assim, muitos têm mudado a mensagem e pregado outro evangelho (Gálatas 1:6-8). Mas o sucesso desses pregadores aos olhos dos homens não representa necessariamente sucesso aos olhos de Deus. O crescimento numérico não é o único critério pelo qual devemos analisar um verdadeiro ministro e uma bem-sucedida e fiel igreja.[22] Deus não julga a aparência, mas as motivações e intenções do coração. Ele requer que os seus despenseiros sejam encontrados fiéis (1Coríntios 4:1,2).

Mudar a mensagem e pregar o que o povo *quer* ouvir, e não o que *precisa* ouvir; mercadejar a Palavra de Deus para atrair pessoas à igreja é um caminho errado para conduzi-la ao crescimento. Alistair Begg, citando Dick Lucas, escreve: "Os bancos não podem controlar o púlpito".[23] O pregador não pode

---

[21] Idem, ibidem.
[22] HULSE, Erroll. Op. cit., 1986, p. 105.
[23] BEGG, Alistair. *Preaching for God's glory*. Wheaton: Crossway Books, 1999, p. 19.

ser seduzido pelas leis do mercado. Ele não prega para agradar os ouvintes, mas para levá-los ao arrependimento. As pessoas precisam sair do templo não alegres com o pregador, mas tristes consigo mesmas. O pregador não é um animador de auditório; é um arauto de Deus. Sua agenda de pregação não é determinada pelos grandes temas discutidos pela humanidade, mas pelas próprias Escrituras. O pregador não sobe ao púlpito para entreter ou agradar seus ouvintes, mas para anunciar-lhes todo o desígnio de Deus. Sem uma pregação fiel não há santidade. Sem santidade não há salvação. Sem santidade ninguém verá a Deus. A Palavra de Deus não pode ser mudada, atenuada ou torcida para agradar os ouvintes. Ela é imutável. O pregador precisa pregar a Palavra integral, completa e fielmente. Ortodoxia é a base da santidade. Teologia é a mãe da ética. Piedade deve ser fundamentada na verdade. Piedade sem ortodoxia é misticismo, e misticismo deve ser rejeitado.

John Piper, comentando sobre a vida e o ministério de Jonathan Edwards, diz que a experiência deve estar fundamentada na verdade. "Calor e luz, fogo e brilho são essenciais para trazer luz à mente porque afeições que não brotam da apreensão da verdade pela mente não são afeições santas."[24]

---

[24] PIPER, John. *The supremacy of God in preaching*. Grand Rapids: Baker Book House, 1990, p. 85.

Há muitas igrejas cheias de pessoas vazias e vazias de pessoas cheias de Deus,[25] porque os pastores estão produzindo discípulos que se conformam com a sua própria imagem e semelhança. Por isso, estamos vendo o crescimento vertiginoso da igreja evangélica brasileira, mas não estamos vendo transformação da sociedade. Se o pregador não é um homem de Deus, se vive uma vida misturada com o mundo, se é um pregador sem piedade, será uma pedra de tropeço, e não um exemplo para a sua igreja. Hipocrisia sempre repele. Um pregador impuro não permanece por muito tempo no ministério sem ser desmascarado. Um pregador jamais será uma pessoa neutra. Ele é uma bênção ou uma maldição!

A falta de piedade é uma coisa terrível, especialmente na vida dos ministros do evangelho. Mas outro perigo insidioso é ortodoxia sem piedade. Há muitos pastores pregando sermões bíblicos, doutrinas ortodoxas, mas seus sermões estão secos e sem vida. E. M. Bounds diz que a pregação que mata pode ser, e geralmente é, dogmática e inviolavelmente ortodoxa. A ortodoxia é boa. Ela é a melhor. Mas nada é tão morto como a ortodoxia morta.[26]

> Geralmente os pregadores fecham-se em seus escritórios de estudo e tornam-se peritos

---

[25] HULSE, Erroll. Op. cit., 1986, p. 105.
[26] BOUNDS, E. M. Op. cit., p. 474.

fazedores de sermões. Isto é bom e necessário, mas preparação intelectual sem piedade dá ao pregador uma boa *performance*, e não poder espiritual. Pregação sem santidade não pode transformar vidas; não pode produzir o crescimento da igreja. "Sem oração, o pregador cria morte, e não vida."[27]

Richard Baxter escreve:

Não se contente em apenas estar em estado de graça, mas também seja cuidadoso para que essa graça seja guardada em vigoroso e vivo exercício em sua vida. Pregue para você mesmo o sermão que você estuda, antes de pregá-lo para os outros. Faça isso por amor a você mesmo e por amor à igreja. Quando sua mente estiver embebida com as coisas santas e celestiais, seu povo usufruirá desses frutos. Suas orações, louvores e doutrina serão doces e celestiais para eles. Seu povo irá saber quando você gastou muito tempo com Deus. Então, aquilo que deleitou seu coração também deleitará os seus ouvintes.[28]

Infelizmente, muitos ministros têm somente a aparência de piedade. Professam uma fé ortodoxa, mas vivem uma pobre vida espiritual. Não têm vida

---

[27] Idem, p. 476.
[28] BAXTER, Richard. Op. cit., p. 61.

devocional. Não têm vida de oração. Apenas fazem orações rituais e profissionais. Contudo, orações profissionais ajudam apenas a pregação a realizar o seu trabalho de morte. Orações profissionais, diz E. M. Bounds, "insensibilizam e matam tanto a pregação quanta a própria oração".[29] É triste dizer que muito poucos ministros têm qualquer hábito devocional sistemático e pessoal.[30] O pastor é o que é de joelhos em secreto diante do Deus todo-poderoso, e nada mais.

Piedade também não é uma matéria de imitação. Cada pregador deve cultivar seu próprio relacionamento com o Senhor. O pregador não deve copiar outros pregadores. Cada um deve desenvolver a sua própria relação de intimidade com Deus e seu próprio estilo de pregação. William Evans corretamente comenta:

> Se o seu nome é Davi e você foi chamado para matar o seu Golias, então não cobice a armadura de Saul, mas pegue a sua própria funda com as pedras, e pela ajuda de Deus o altivo gigante cairá e beijará o pó. O pregador deve ser ele mesmo. Deve apresentar o melhor de si mesmo. Deve consagrar o melhor de si mesmo. Fazendo assim, demonstrará sua sinceridade, honrará o seu Deus e

---

[29] BOUNDS, E. M. Op. cit., p. 476.
[30] MARTIN, A. N. Op. cit., p. 8.

se tornará um instrumento de bênção para o povo sobre quem ministra.[31]

Certamente piedade é uma consequência de uma vida devocional. Erroll Hulse, comentando sobre a vida de Lutero, diz que sua piedade pode ser comparada a um fogo, um fogo de devoção diante de Deus.[32] Hulse declara que a piedade de João Calvino e seu relacionamento pessoal com o Senhor Jesus Cristo foram sua linha de defesa contra as pressões do seu ministério.[33] A pregação fracassa hoje porque não está enraizada em uma vida devocional profunda por parte dos pregadores.[34] O pregador deveria ir geralmente da presença de Deus para a presença dos homens. Semelhantemente, E. M. Bounds diz que "uma vida santa não é vivida em secreto, mas ela não subsistirá sem oração em secreto".[35] Antes de levantar-se diante dos homens, o pregador deve viver na presença de Deus. Antes de alimentar o povo de Deus, o pregador deve alimentar seu próprio coração. Antes de pregar ao povo de Deus, o pregador deve aplicar a Palavra à sua

---

[31] EVANS, William. Op. cit., p. 15-17.
[32] HULSE, Erroll. Op. cit., p. 65.
[33] Idem, p. 71.
[34] BRYSON, Harold T. e TAYLOR, James L. *Building sermons to meet people needs*. Nashville: Broadman & Holman Publishers, 1980, p. 14.
[35] BOUNDS, E. M. "Purpose in prayer". In: *E. M. Bounds on prayer*, p. 36.

própria vida. A parte mais importante do sermão é o homem atrás dele. E. M. Bounds escreve:

> Todo homem está atrás do sermão. Pregação não é a *performance* de uma hora. Pelo contrário, é o produto de uma vida. Leva-se vinte anos para fazer um sermão, porque gasta-se vinte anos para fazer um homem. O verdadeiro sermão é algo vivo. O sermão cresce porque o homem cresce. O sermão é vigoroso porque o homem é vigoroso. O sermão é santo porque o homem é santo. O sermão é cheio da unção divina porque o homem é cheio da unção divina.[36]

Charles H. Spurgeon declara que nós somos, em certo sentido, as nossas próprias ferramentas, portanto devemos guardar-nos em ordem. Nosso próprio espírito, alma, corpo e vida interior são as nossas mais íntimas ferramentas para o serviço sagrado.[37] A chave para uma robusta pregação poderosa é uma robusta piedade pessoal. A pregação poderosa não acontece num vácuo. Ela sempre tem lugar na vida de uma pessoa piedosa e santa. Charles H. Spurgeon cita John Owen: "Ninguém prega bem seu sermão para os outros se não prega

---

[36] BOUNDS, E. M. "Power through prayer", In: *E. M. Bounds on prayer*, p. 468-469.
[37] SPURGEON, Charles Haddon. *Lectures*, p. 1, 282.

primeiro para o seu próprio coração".[38] "Não lute para ser um tipo de pregador. Lute para ser um tipo de pessoa."[39]

Martyn Lloyd-Jones comenta sobre Robert Murray McCheyne, um pregador da Escócia no século 19:

> É o comentário geral que quando aparecia no púlpito, mesmo antes de dizer uma única palavra, o povo já começava a chorar silenciosamente. Por quê? Por causa deste elemento de seriedade. Todos tinham a absoluta convicção de que ele subia ao púlpito vindo da presença de Deus e trazendo uma palavra da parte de Deus para eles.[40]

O próprio Robert Murray McCheyne resume este tópico nestas palavras: "Não é a grandes talentos que Deus abençoa de forma especial, mas à grande semelhança com Jesus. Um ministro santo é uma poderosa e tremenda arma nas mãos de Deus".[41]

---

[38] Idem, p. 11.
[39] PIPER, John. Op. cit., p. 60.
[40] LLOYD-JONES, Martyn. *Preaching & preachers*. Grand Rapids: Zondervan Publishing House, 1971, p. 86.
[41] BONAR, Andrew. *Memoirs of McCheyne*. Chicago: Moody Press, 1978, p. 95.

2

FOME POR DEUS

ORAÇÃO E JEJUM

O PREGADOR DEVE SER prioritariamente um homem de oração e jejum. O relacionamento do pregador com Deus é a insígnia e a credencial do seu ministério público. "Os pregadores que prevalecem com Deus na vida pessoal de oração são os mais eficazes em seus púlpitos."

ORAÇÃO

A oração precisa ser prioridade tanto na vida do pregador como na agenda da igreja. A profundidade de um ministério é medida não pelo *sucesso* diante dos homens, mas pela *intimidade* com Deus. A grandeza de uma igreja é medida não pela beleza de seu templo ou pela pujança de seu orçamento, mas pelo seu poder espiritual através da oração. No século 19, Charles H. Spurgeon disse que em muitas igrejas a reunião de oração era apenas o esqueleto de uma reunião, à qual as pessoas não mais compareciam. Ele concluiu que "se uma igreja não ora, ela está morta".

Infelizmente, muitos pregadores e igrejas têm abandonado o alto privilégio de uma vida abundante de oração. Hoje nós gastamos mais tempo com reuniões de planejamento do que com reuniões de oração. Dependemos mais dos recursos humanos do que dos recursos de Deus. Confiamos mais no preparo humano do que na capacitação divina. Consequentemente, temos visto muitos pregadores eruditos no púlpito, mas ouvido uma imensidão de mensagens fracas. Eles têm pregado sermões eruditos, porém sem o poder do Espírito Santo. Têm luz em sua mente, contudo não têm fogo no coração. Têm erudição, mas não poder. Têm fome de livros, mas não de Deus. Eles amam o conhecimento, mas não buscam a intimidade de Deus. Pregam para a mente, e não para o coração. Eles têm uma boa *performance* diante dos homens, mas não aprovação diante de Deus. Gastam muito tempo preparando seus sermões, mas não preparando seu coração. Sua confiança está firmada na sabedoria humana, e não no poder de Deus.

Homens secos pregam sermões secos, e sermões secos não produzem vida. Como escreve E. M. Bounds, "homens mortos pregam sermões mortos, e sermões mortos matam". Sem oração não existe pregação poderosa. Charles H. Spurgeon diz que "todas as nossas bibliotecas e estudos são um mero vazio comparado com a nossa sala de oração. Crescemos, lutamos e prevalecemos na oração 'em secreto'". Arturo Azurdia cita Edward Payson afirmando que "é no lugar secreto de oração que a batalha é perdida ou ganha".

A oração tem uma importância transcendente, porque ela é o mais poderoso instrumento para promover a Palavra de Deus. É mais importante ensinar um estudante a orar do que a pregar.

Se desejamos ver a manifestação do poder de Deus, vidas sendo transformadas e um saudável crescimento da igreja, então devemos orar regularmente, privativa, sincera e poderosamente. O profeta Isaías diz que a nossa oração deve ser perseverante, expectante, confiante, ininterrupta, importuna e vitoriosa (Isaías 62:6,7). O inferno treme quando uma igreja se dobra diante do Senhor Todo-poderoso para orar. A oração move a mão onipotente de Deus. Quando a igreja ora, os céus se movem, o inferno treme e coisas novas acontecem na terra; "quando nós trabalhamos, *nós* trabalhamos; mas quando nós oramos, *Deus* trabalha". A oração não é o oposto de trabalho; ela não paralisa a atividade. Em vez disso, a oração é em si mesma o maior trabalho; ela trabalha poderosamente, deságua em atividade, estimula o desejo e o esforço. A oração conecta o altar da terra ao trono do céu e une a fraqueza humana à onipotência divina. As orações que sobem do altar para o trono, descem do trono em forma de ações soberanas de Deus na história (Apocalipse 5:8; 8:3-5). Quando oramos tornamo-nos cooperadores de Deus no governo do mundo. O Deus soberano escolheu agir por intermédio das orações do seu povo. Pela oração tocamos o mundo inteiro.

Oração não é um ópio, mas um tônico; não é um calmante para o sono, mas o despertamento para uma nova ação. Um homem preguiçoso não ora e não pode orar, porque a oração demanda energia. O apóstolo Paulo considera oração como uma luta e uma luta agônica (Romanos 15:30). Para Jacó a oração foi uma luta com o Senhor. A mulher siro-fenícia também lutou com o Senhor através da oração até que saiu vitoriosa.

Antes de falar aos homens, o pregador precisa viver diante de Deus. Antes de o pastor prevalecer em público diante dos homens pela pregação, prevalecer em secreto diante de Deus pela oração. A oração é o oxigênio do ministério. "A vida de oração do ministro e da igreja é o fundamento da pregação eficaz." A oração traz poder e refrigério à pregação, tem mais poder para tocar o coração do que milhares de palavras eloquentes. Como pregadores, devemos ser uma voz a falar em nome de Deus, como João Batista (Mateus 3:3), que pregou não no templo, não numa cátedra ilustre, não nos salões adornados dos reis, mas no deserto, e grandes multidões iam ouvi-lo, sendo confrontadas pela sua poderosa mensagem (Mateus 3:5-10; Lucas 3:7-14). Não basta ser um eco; é preciso ser uma voz. Não basta pregar; precisamos ser a boca de Deus. O profeta Elias viveu na presença de Deus (1Reis 17:1; 18:15); orou intensa, persistente e vitoriosamente (Tiago 7:17,18). Antes de Elias levantar-se diante dos homens, prostrou diante de Deus. Antes de confrontar corajosamente o rei Acabe, humilhou-se profundamente diante do Rei dos reis. Por consequência, experimentou a intervenção de Deus em sua vida e em seu ministério. A viúva de Sarepta testificou a seu respeito: *Nisto conheço agora que tu és homem de Deus e que a palavra do SENHOR na tua boca é verdade* (1Reis 17:24). Muitos ministros pregam a Palavra de Deus, mas não são boca de Deus. Falam sobre o poder, mas não têm poder em sua vida. Pregam sobre vida abundante, mas não a têm. Sua vida contradiz a sua mensagem em vez de ser avalista dela.

David Eby, comentando sobre a importância da oração na vida do pastor, diz que a "oração é a estrada de Deus para ensinar o pastor a depender do poder de Deus, é a avenida de Deus para os pastores receberem graça, ousadia, sabedoria e amor para ministrarem a Palavra".[1] Oh, como nós, pastores, precisamos orar! Sem oração, as digitais da fraqueza estarão sobre nós. Sem oração, nosso vigor se desvanecerá como névoa. Sem oração, nossa eloquência não passará de um barulho estranho aos

---

[1] EBY, David. Op. cit., p. 43

ouvidos. Sem oração, nossos lábios são apenas lábios de barro. A falta de oração torna os púlpitos fracos e os pregadores infrutíferos. Podemos ter o mais profundo conhecimento e a mais refinada retórica, mas sem oração, os corações não se derreterão, pois sem oração não há poder na pregação.

Muitos pregadores creem na eficácia da oração, mas poucos oram. Muitos ministros pregam sobre a necessidade da oração, mas poucos oram. Eles leem muitos livros sobre oração, mas não oram. Têm bons postulados teológicos sobre oração, mas não têm fome por Deus.[2] Em muitas igrejas as reuniões de oração estão agonizando.[3] As pessoas estão muito ocupadas para orar. Elas têm tempo para viajar, trabalhar, ler, descansar, ver televisão, falar sobre política, esportes e teologia, mas não gastam tempo orando. Consequentemente, temos, às vezes, gigantes do conhecimento no púlpito, que são pigmeus no lugar secreto de oração. Tais pregadores conhecem muito *a respeito* de Deus, mas muito pouco a Deus.

Pregação sem oração não provoca impacto. Sermão sem oração é sermão morto. Não estaremos preparados para pregar enquanto não orarmos. Lutero tinha um mote: "Aquele que orou bem, estudou bem".[4] David Larsen cita Karl Barth: "Se

---

[2] MARTIN, A. N. Op. cit., p. 11-14.
[3] HULSE, Erroll. Op. cit., 1986, p. 85.
[4] BOUNDS, E. M. "Power through prayer", p. 486.

não há grande agonia em nosso coração, não haverá grandes palavras em nossos lábios".[5]

O que precisamos fazer? Nossa primeira e maior prioridade no ministério é voltarmo-nos para Deus em fervente oração. A obra de Deus não é a nossa prioridade, mas sim o Deus da obra.[6] Jerry Vines escreve:

> O pregador muitas vezes gasta grande parte do seu tempo lidando com as coisas de Deus; lê sua Bíblia para preparar sermões; estuda comentários; lidera as reuniões e os grupos de oração. Está constantemente falando a linguagem de Sião. Mas a acumulação desta obra santa pode endurecer a consciência da necessidade de estar a sós com Deus em sua própria vida pessoal.[7]

Realizar a obra de Deus sem oração é presunção. Novos métodos, planos e organizações para levar a igreja ao crescimento saudável, sem oração, não são os métodos de Deus. "A igreja está buscando métodos melhores; Deus está buscando homens melhores."[8] E. M. Bounds corretamente comenta:

---

[5] LARSEN, David. Op. cit., p. 53.
[6] PIPER, John. *Let the nations Be Glad: The supremacy of God in missions*. Grand Rapids: Baker Book House, 1993, p. 11.
[7] VINES, Jerry. *A practical guide to sermon preparation*. Chicago: Moody Press, 1985, p. 42.
[8] BOUNDS, E. M. "Power through prayer", p. 467.

O que a igreja precisa hoje não é de mais ou melhores mecanismos, nem de nova organização ou mais e novos métodos. A igreja precisa de homens a quem o Espírito Santo possa usar, homens de oração, homens poderosos em oração. O Espírito Santo não flui através de métodos, mas através de homens. Ele não vem sobre mecanismos, mas sobre homens. Ele não unge planos, mas homens. Homens de oração![9]

Quando a igreja cessa de orar, deixa de crescer.[10] O diabo trabalha continuamente para impedir a igreja de orar. Ele tem muitas estratégias. O diabo usou três estratégias para neutralizar o crescimento da igreja apostólica em Jerusalém: perseguição (Atos 4), infiltração (Atos 5) e distração (Atos 6). Mas os apóstolos enfrentaram todos esses ataques com oração. Eles entenderam que a oração e a Palavra de Deus devem caminhar juntas. "A oração e o ministério da palavra permanecerão de pé ou cairão juntos."[11] Os apóstolos decidiram: *Quanto a nós, nos consagraremos à oração e ao ministério da palavra* (Atos 6:4). Sobre este texto Charles Bridges afirmou: "Oração é a metade do nosso ministério; e ela

---

[9] Idem, p. 468.
[10] EBY, David. Op. cit., p. 40-44.
[11] Idem, p. 45.

dá à outra metade todo o seu poder e sucesso".[12] Oração e Palavra são os maiores princípios do crescimento da igreja no livro de Atos. Oração e pregação são os instrumentos providenciados por Deus para conduzir sua própria igreja ao crescimento. David Eby interpreta muito bem quando diz que "o manual de Deus sobre o crescimento da igreja vincula pregação e oração como aliados inseparáveis".[13] Entrementes, oração vem primeiro, porque pregação sem oração não tem vida nem pode produzir vida. A pregação poderosa requer oração. A pregação ungida e o crescimento da igreja requerem oração.

> Pastor, você deve orar. Orar muito. Orar intensa e seriamente, zelosa e entusiasticamente, com propósito e com determinação. Orar pelo ministério da palavra entre o seu rebanho e em sua comunidade. Orar pela sua própria pregação. Mobilize e recrute seu povo para orar pela sua pregação. Pregação poderosa não acontecerá à parte da sua própria oração. Oração frequente, objetiva, intensa e abundante é requerida. A pregação torna-se poderosa quando um povo fraco ora humildemente. Esta é a grande mensagem

---

[12] BRIDGES, Charles. *The christian ministry with an inquiry into the causes of its inefficiency*. Carlisle: The Banner of Truth Trust, 1991, p. 148.
[13] EBY, David. Op. cit., p. 41.

do livro de Atos. O tipo de pregação que produz o crescimento da igreja vem pela oração. Pastor, dedique-se à oração. Continue em oração. Persista em oração por amor da glória de Deus no crescimento da igreja.[14]

Todos os pregadores usados por Deus foram homens de oração: Moisés, Samuel, Elias, os apóstolos e, acima de tudo, Jesus, nosso supremo exemplo. O evangelista Lucas escreveu seu evangelho para os gentios mostrando Jesus como o homem perfeito. Lucas, mais do que qualquer outro evangelista, registrou a intensa vida de oração de Jesus. No rio Jordão Jesus orou e o céu se abriu. O Pai confirmou seu ministério, e o Espírito Santo desceu sobre ele (Lucas 3:21,22). Cheio do Espírito Santo, Jesus retornou do Jordão e foi conduzido ao deserto, onde por quarenta dias jejuou e orou, triunfando sobre as tentações do diabo (Lucas 4:1-13).

Para Jesus a oração era mais importante do que o sucesso no ministério. Quando a multidão veio ouvi-lo pregar, ele foi para um lugar tranquilo e solitário a fim de orar (Lucas 5:15,16). "De um modo diferente de alguns pregadores atuais, Jesus maravilhosamente entendeu que a oração deveria ocupar um lugar prioritário em seu ministério e em

---

[14] Idem, p. 44.

sua agenda."[15] Jesus escolheu os seus discípulos depois de uma noite inteira de oração (Lucas 6:12-16). Foi preparado para enfrentar a cruz através da oração (Lucas 9:28-31). Jesus orou no jardim de Getsêmani, derramando seu próprio sangue para realizar a vontade de Deus (Lucas 22:39-46). Orou também sobre a cruz, abrindo a porta do céu para o penitente e arrependido malfeitor crucificado ao seu lado direito (Lucas 23:34-43). Jesus está orando em favor do seu povo junto ao trono de Deus e irá interceder por ele até a sua segunda vinda (Romanos 8:34; Hebreus 7:25). A vida de Jesus é o supremo exemplo que temos sobre oração.

O mesmo Espírito de oração que estava sobre Jesus foi derramado sobre os discípulos na festa de Pentecostes. Então, eles passaram a orar continuamente. James Rosscup comenta:

> A oração foi um dos quatro princípios básicos dos cristãos (At 2:42) [...]. Os crentes oraram de forma regular e sistemática (At 3:1; 10:9), bem como nos momentos de urgência. Pedro e João foram modelos de oração. Eles foram o canal que Deus usou para a cura do homem paralítico (At 3:7-10). Mais tarde, oraram com outros irmãos para que Deus lhes

---

[15] ROSSCUP, James. "The priority of prayer and expository preaching." In: *Rediscovering expository preaching*. Dallas: Word Publishing, 1992, p. 70.

desse poder para testemunhar com ousadia (At 4:29-31); uma oração que Deus respondeu capacitando-os a enfrentar com galhardia seus inimigos. Eles foram revestidos de poder, tornaram-se profundamente unidos e se dispuseram a dar sua própria vida pelo evangelho. Mais tarde, os apóstolos revelaram a grande prioridade de sua vida, quando decidiram: "Quanto a nós, nos consagraremos à oração e ao ministério da palavra".[16]

Os maiores e mais conhecidos pregadores da história foram homens de oração. João Crisóstomo, Agostinho, Martinho Lutero, João Calvino, John Knox, Richard Baxter, Jonathan Edwards e muitos outros. Charles Simeon, um avivalista inglês, devotava quatro horas por dia a Deus em oração. John Wesley gastava duas horas por dia em oração. John Fletcher, um clérigo e escritor inglês, marcava as paredes do seu quarto com o hálito das suas orações. Algumas vezes ele passava a noite toda em oração. Lutero dizia: "Se eu fracassar em investir duas horas em oração cada manhã, o diabo terá vitória durante o dia".[17] David Brainerd dizia: "Eu amo estar só em minha cabana, onde posso gastar muito tempo em oração".[18]

---

[16] ROSSCUP, James. Op. cit., p. 71.
[17] BOUNDS, E. M. "Power through prayer", p. 486, 488.
[18] Idem, p. 488.

John Wesley fala-nos em seu diário a respeito do poder da oração comentando sobre o dia solene de oração e jejum em que o rei da Inglaterra convocou a nação em razão da ameaça de invasão da França:

> O dia de jejum foi um dia glorioso, tal como Londres raramente tinha visto desde a Restauração. Todas as igrejas da cidade estavam superlotadas. Havia um senso de profunda reverência em cada rosto. Certamente Deus ouviu as orações e deu-nos vitória e segurança contra os inimigos.[19]

Uma nota de rodapé foi acrescentada mais tarde: "O quebrantamento e humildade do povo diante de Deus transformou-se em um regozijo nacional, visto que a ameaça da invasão pela França foi afastada".[20]

Charles Finney dedicou-se a vigílias especiais de oração e jejum. Pregando depois de muita oração, viu Deus trazendo grandes bênçãos para o seu ministério. Ele estava profundamente convencido da importância da oração.

---

[19] WESLEY, John. *The journal of Rev. John Wesley*. London: The Epworth Press, 1938, p. 147.
[20] Idem, p. 147; PIPER, John. *A hunger for God: desiring God through fasting and prayer*. Wheaton: Crossway Book House, 1997, p. 109.

Sem oração você será tão fraco quanto a própria fraqueza. Se perder o seu espírito de oração, você não poderá fazer nada ou quase nada, embora tenha o dom intelectual de um anjo.[21]

Charles H. Spurgeon diz que ninguém está mais preparado para pregar aos homens do que aqueles que lutam com Deus em favor dos homens. Antes de prevalecermos com os homens em nome de Deus, devemos prevalecer com Deus em favor dos homens.[22] Oração precede pregação.

Charles H. Spurgeon via as reuniões de oração das segundas-feiras no Tabernáculo Metropolitano de Londres como o termômetro da igreja. Por vários anos uma grande parte do principal auditório e primeira galeria estavam completamente cheios nas reuniões de oração. Na concepção de Charles H. Spurgeon, a reunião de oração era "a mais importante reunião da semana".[23] Ele atribuiu o sinal da bênção de Deus sobre o seu ministério em Londres à fidelidade do seu povo orando por ele.[24]

Dwight L. Moody, fundador do Instituto Bíblico Moody, normalmente via Deus agindo com

---

[21] PARKHURST, L. G. *Charles G. Finney's answer to prayer.* Minneapolis: Bethany, 1983, p. 126-27.
[22] THIELICKE, Helmut. Op. cit., p. 118-119.
[23] ROSSCUP, James E. Op. cit., p. 84.
[24] LARSEN, David L. Op. cit., p. 55.

grande poder quando outras pessoas oravam pelas suas reuniões na América e além-mar. A. R. Torrey pregou em muitos países e viu grandes manifestações do poder de Deus. Ele disse: "Ore por grandes coisas, espere grandes coisas, trabalhe por grandes coisas, mas acima de tudo ore".[25] A oração é a chave que abre todos os tesouros da infinita graça e poder de Deus.

Robert Murray McCheyne, grande pregador escocês, exortava sempre o seu povo a voltar-se para a Bíblia e a oração. Como resultado, mais de trinta reuniões de oração aconteciam semanalmente na igreja de Dundee, Escócia; cinco eram reuniões de oração das crianças.[26]

No ano de 1997, junto com oitenta pastores brasileiros, visitei a Coreia do Sul para fazer uma pesquisa sobre o crescimento da igreja. Visitamos onze grandes igrejas em Seul – igrejas locais que tinham entre dez mil e setecentos mil membros. Em todas elas testificamos que a principal causa do crescimento foi a intensa vida de oração. Nenhuma igreja evangélica pode ser organizada lá sem que antes tenha uma reunião diária de oração de madrugada. O seminarista que faltar a duas reuniões de oração de madrugada no seminário durante o ano, não sendo por motivo

---

[25] MARTIN, Roger. *R. A. Torrey, Apostle of certainty*. Murfreesboro: Sword of the Lord, 1976, p. 166.
[26] LARSEN, David L. Op. cit., p. 54.

justificado, não serve para ser pastor. Quando perguntei a um pastor presbiteriano por que eles oravam de madrugada, ele me respondeu que em todos os lugares do mundo as pessoas levantam-se de madrugada para ganhar dinheiro e cuidar dos seus interesses. Eles levantam-se de madrugada para orar porque Deus é prioridade na vida deles. Visitamos a Igreja Presbiteriana Myong Song, uma pujante igreja presbiteriana de Seul, com mais de 55 mil membros. Aquela igreja tem quatro reuniões diárias de oração pela manhã. Em todas elas o templo fica repleto de pessoas sedentas de Deus. A sensação que tivemos numa dessas reuniões foi de que o céu havia descido à terra. Visitamos a maior Igreja Metodista do mundo. A igreja tinha 82 mil membros. O pastor fundador da igreja ainda pastoreava o rebanho. Disse-nos que aos sábados sempre subia para a montanha de oração da igreja e ali passava a noite toda em oração. No domingo, descia do monte de oração direto para o púlpito. Quando pregava os corações se derretiam e multidões e multidões vinham a Cristo.

John Piper comenta sobre a igreja coreana:

> Nos últimos anos do século 20, jejum e oração têm quase se tornado sinônimo das igrejas da Coreia do Sul. E há uma boa razão para isso. A primeira igreja protestante foi plantada na Coreia em 1884. Cem anos depois havia trinta mil igrejas. Uma média de

trezentas novas igrejas foi plantada a cada ano nestes cem anos. No final do século 20, os evangélicos já representam cerca de trinta por cento da população. Deus tem usado muitos meios para realizar essa grande obra. Entrementes, os meios mais usados por Deus têm sido a oração e o jejum.[27]

Thom Rainer fez uma pesquisa entre 576 igrejas batistas dos Estados Unidos e concluiu que a oração é apontada como o fator mais importante depois da pregação para o crescimento da igreja.

> Próximo de setenta por cento das igrejas colocaram a oração como um dos principais fatores para o seu êxito evangelístico. Exceto as igrejas entre 700 e 999 membros, pelo menos sessenta por cento das igrejas de todos os tamanhos identificaram a oração como o principal fator de crescimento da igreja.[28]

JEJUM

Jejum é uma prática esquecida em nossa geração que precisa ser resgatada pela igreja. As Escrituras

---

[27] PIPER, John. Op. cit., p. 103; DUEWEL, Wesley L. *Mighty prevailing prayer*. Grand Rapids: Zondervan/Francis Asbury, 1990, p. 192.
[28] RAINER, Thom. *Effective Evangelistic churches*. Nashville: Broadman & Holman Publishers, 1996, p. 55, 67.

enfatizam também o jejum como um importante exercício espiritual. Se nós desejamos pregar com poder, o jejum não pode ser esquecido em nossa vida devocional.[29] Os grandes homens de Deus jejuaram. Nos momentos mais decisivos da história, a igreja jejuou. O jejum está presente tanto no Antigo como no Novo Testamentos. Os profetas, os apóstolos, Jesus e muitos homens de Deus como Agostinho, Lutero, Calvino, John Knox, Wesley, Charles Finney, Moody e outros mais através da história experimentaram bênçãos espirituais com o jejum. Erroll Hulse, citando Martyn Lloyd Jones, diz que "os santos de Deus em todos os tempos e em todos os lugares não somente creram no jejum, mas também o praticaram".[30]

Há um apetite por Deus em nossa alma. Deus colocou a eternidade em nosso coração, e somente ele pode satisfazer essa nossa necessidade. Se você não sente fortes desejos pela manifestação da glória de Deus, não é porque tem bebido profundamente dos mananciais de Deus e está satisfeito. Pelo contrário, é porque você tem buscado saciar a sua alma nos banquetes do mundo.[31]

John Piper define jejum como fome de Deus.[32] De acordo com ele, o maior inimigo da fome de Deus

---

[29] HULSE, Erroll. Op. cit., 1986, p. 121-124.
[30] Idem, p. 123.
[31] PIPER, John. Op. cit., p. 23.
[32] Idem, p. 14.

não é o veneno mortífero, mas uma torta de maçã. O maior adversário do amor de Deus não são seus inimigos, mas seus dons. E os mais mortíferos apetites não são pelos venenos do mal, mas pelos simples prazeres da terra (Lucas 8:14; Marcos 4:19). "Os prazeres desta vida" e "os desejos por outras coisas" não são mal em si mesmos. Não são vícios. São dons de Deus. Mas todos eles podem tornar-se substitutos mortíferos do próprio Deus em nossa vida. O jejum revela o grau de domínio que o alimento tem sobre nós.[33] O jejum cristão é um teste para conhecermos qual é o desejo que nos controla. O apóstolo Paulo diz: *Portanto, quer comais, quer bebais ou façais outra coisa qualquer, fazei tudo para a glória de Deus* (1Coríntios 10:31). Assim, devemos comer para a glória de Deus e jejuar para a glória de Deus. Mas se comemos para a glória de Deus e jejuamos para a glória de Deus, qual é a diferença entre comer e jejuar? John Piper argumenta: "Quando comemos, alimentamo-nos do pão da terra, símbolo do pão do céu; mas quando jejuamos não nos alimentamos do símbolo, mas do próprio pão do céu". Jejum é fome de Deus e Deus é melhor do que os seus melhores dons. Richard Foster afirma:

> Mais do que qualquer outra disciplina, o jejum revela as coisas que nos controlam. O

---

[33] Idem, p. 14-15, 20.

jejum é um maravilhoso benefício para o verdadeiro discípulo que deseja ser transformado na imagem de Jesus Cristo. Muitas vezes nós encobrimos o que está dentro de nós com comida e outras coisas.[34]

Martyn Lloyd-Jones, na mesma linha de pensamento, ensina que o jejum não pode ser entendido apenas como uma abstinência de alimento e bebida. Segundo ele, o jejum também deve incluir abstinência de qualquer coisa que é legítima em si mesma por amor de algum propósito espiritual.[35]

O propósito do jejum não é obter o favor de Deus ou mudar a sua vontade (Isaías 58:1-12). Também não é para impressionar os outros com uma espiritualidade farisaica (Mateus 6:16-18). Nem é para proclamar a nossa própria espiritualidade diante dos homens. Jejum significa amor a Deus. Jejuar para ser admirado pelos homens é uma errada motivação para fazê-lo. Jejum é fome pelo próprio Deus, e não fome por aplausos humanos (Lucas 18:12). É para nos humilharmos diante de Deus (Daniel 10:1-12), para suplicarmos a sua ajuda (2Crônicas 20:3; Ester 4:16) e para

---

[34] FOSTER, Richard. *The celebration of discipline*. New York: Harper and Row Publishers, 1978, p. 48.
[35] LLOYD-JONES, Martyn. *Studies in the sermon on the mount*. Grand Rapids: William B. Eerdmans Publishing Company, 1960, vol. 2, p. 38.

retornarmos para Deus com todo o nosso coração (Joel 2:12-13). É para reconhecermos a nossa total dependência da proteção divina (Esdras 8:21-23). O jejum é um instrumento para fortalecer-nos com o poder divino, em face dos ataques do inferno (Marcos 9:28-29).

Deus tem realizado grandes intervenções na história através da oração e do jejum de seu povo. Quando deu a lei para Israel, Moisés dedicou quarenta dias à oração e ao jejum no monte Sinai. Deus libertou Josafá das mãos dos seus inimigos quando ele e o povo de Judá humilharam-se diante do Senhor em oração e jejum (2Crônicas 20:3,4,14,15,20,21). Deus libertou a rainha Ester e o povo judeu da morte através da oração e do jejum (Ester 4:16). Deus usou Neemias para restaurar Jerusalém quando este orou e jejuou (Neemias 1:4). Deus usou Paulo e Barnabé para plantar igrejas na província da Galácia quando eles devotaram-se à oração e ao jejum (Atos 13:1-4).

John Piper comenta que oração e jejum resultaram num movimento de missões que arrancou o cristianismo da obscuridade para ser a religião dominante do Império Romano em dois séculos e meio. Hoje há cerca de um bilhão e trezentos milhões de cristãos testemunhando em praticamente todos os países do mundo.[36] Infelizmente, o jejum é

---

[36] PIPER, John. Op. cit., p. 107.

um grande tesouro espiritual negligenciado pelos cristãos contemporâneos.

Os homens têm amado os dons de Deus mais do que o próprio Deus. Eles têm mais fome dos dons de Deus do que de Deus. Jejum não é fome das bênçãos de Deus, mas é fome do próprio Deus. John Piper diz que o jejum cristão nasce exatamente da saudade de Deus.[37] Ele escreve:

> Nós glorificamos a Deus quando o preferimos acima dos seus dons [...]. Nós enganamos a nós mesmos ao dizermos que amamos a Deus, mas se somos testados revelamos o nosso amor apenas por palavras, e não por sacrifício [...]. Eu realmente tenho fome de Deus? Realmente sinto saudade de Deus? Ou estou satisfeito apenas com os dons de Deus?[38]

Como já enfatizamos, devemos comer e jejuar para a glória de Deus (1Coríntios 10:31). Quando nós comemos, saboreamos o emblema do nosso alimento celestial, o Pão da Vida. E quando jejuamos, dizemos: "Eu amo a realidade acima do emblema".[39] O alimento é bom, mas Deus é melhor. *Não só de pão viverá o homem, mas de toda palavra*

---
[37] Idem, p. 13.
[38] Idem, p. 18-19.
[39] Idem, p. 21.

que procede da boca de Deus (Mateus 4:4). Jesus disse: *Uma comida tenho para comer, que vós não conheceis* (João 4:32). Em Samaria Jesus satisfez sua vida não com o pão da terra, mas com o pão do céu. Deus mesmo foi o seu alimento. Isso é jejum: intimidade com Deus. A comunhão com Deus deve ser a nossa mais urgente e apetitosa refeição.

John Piper sintetiza esta gloriosa realidade assim:

> Quanto mais profundamente você anda com Cristo, mais faminto se torna dele [...] mais saudade você tem do céu... mais deseja a plenitude de Deus em sua vida... mais anseia pela vinda do noivo... mais aspira a que a igreja seja reavivada e revestida com a beleza de Jesus. Mais você anseia por um profundo despertamento da realidade de Deus em nossas cidades... mais deseja ver a luz do evangelho da glória de Cristo penetrar nas trevas dos povos ainda não alcançados... mais deseja ver as falsas filosofias do mundo sendo vencidas pela verdade... mais deseja ver a dor sendo vencida, as lágrimas enxugadas e a morte destruída... mais anseia ver as coisas erradas sendo feitas corretamente e a justiça e a graça de Deus enchendo a terra como as águas cobrem o mar.[40]

---
[40] Idem, p. 23.

Nós vivemos em uma geração cujo deus é o ventre (Filipenses 3:19). Muitas pessoas deleitam-se apenas nas bênçãos de Deus, e não no Deus das bênçãos. O homem tem se tornado o centro de todas as coisas. Todas as coisas são feitas e preparadas para o prazer do homem. Mas o homem não é o centro do universo; Deus é. Todas as coisas devem ser feitas para a glória de Deus. Ele deve ser a nossa maior satisfação. Quem jejua tem mais pressa de desfrutar da intimidade com Deus do que se alimentar. Quem jejua tem mais fome do pão do céu do que do pão da terra. Quem jejua tem mais saudade do Pai do que de suas bênçãos. Quem jejua está mais confiado no poder que vem do céu do que nos recursos da terra. Quem jejua está mais confiante nos recursos de Deus do que estribado na sabedoria humana. Verdadeiramente, se desejamos ver poder no púlpito, se desejamos ver pregações ungidas e cheias de vigor, se ansiamos ver o despertamento da igreja e o seu crescimento numérico, precisamos, então, de pregadores que sejam homens santos e piedosos, homens de oração e jejum.

3

FOME PELA PALAVRA DE DEUS

O ESTUDO DO PREGADOR

É IMPOSSÍVEL SER UM pregador bíblico eficaz sem uma profunda dedicação aos estudos. "O pregador deve ser um estudante." John MacArthur diz que um pregador expositivo deve ser um diligente estudante das Escrituras, o que João Calvino reforça ao dizer que o pregador precisa ser um erudito. Charles H. Spurgeon escreveu que "aquele que cessa de aprender tem cessado de ensinar. Aquele que não semeia nos seus estudos não irá colher no púlpito".[1] Todavia, o pregador que estuda sempre terá sermões cheios de verdor para pregar. Charles

---

[1] SPURGEON, Charles Haddon. *An all-round ministry: a collection of addresses to ministers and students.* London: Banner of Truth Trust, 1960, p. 236.

Koller afirma que um pregador jamais manterá o interesse do seu povo se pregar somente da plenitude do seu coração e do vazio da sua cabeça".[2]

O pregador enfrenta o constante perigo da preguiça dentro das quatro paredes do seu escritório.[3] A ordem do apóstolo é sumamente pertinente: *Procura apresentar-te a Deus aprovado, como obreiro que não tem de que se envergonhar, que maneja bem a palavra da verdade* (2Timóteo 2:15). A Bíblia é o grande e inesgotável reservatório da verdade cristã, uma imensa e infindável mina de ouro.[4] John Wesley revelou seu compromisso com as Escrituras. Ele disse: "Oh! dá-me o livro. Por qualquer preço, dá-me o livro de Deus! Nele há conhecimento bastante para mim. Deixe-me ser o homem de um só livro!".[5]

Charles H. Spurgeon comentou a respeito de John Bunyan:

> Corte-o em qualquer lugar e você descobrirá que o seu sangue é cheio de Bíblia. A própria essência da Bíblia fluirá dele.

---

[2] KOLLER, Charles. *How to preach without notes.* Grand Rapids: Baker Book House, 2001, p. 44.
[3] VINES, Jerry. Op. cit., p. 51.
[4] KOLLER, Charles. Op. cit., p. 45.
[5] PIPER, John. *The Supremacy...*, p. 42; STOTT, John R. W. *Between two words – the art of preaching in the twentieth century.* Grand Rapids: William Eerdmans Publishing Company, 1999, p. 32.

Ele não pode falar sem citar um texto,
pois sua alma está repleta da Palavra de
Deus.[6]

O pregador precisa ler não apenas a Palavra, mas também o mundo ao seu redor; precisa ler o texto antigo e a nova sociedade à sua volta. John Stott comenta que "nós devemos estudar tanto o texto antigo quanto a cena moderna, tanto a Escritura quanto a cultura, tanto a Palavra quanto o mundo".[7] Tanto a Bíblia como o jornal do dia precisam estar nas mãos do pregador. O sermão é uma ponte entre dois mundos, o texto antigo e o ouvinte contemporâneo. O pregador explica o texto antigo e aplica-o à vida do ouvinte contemporâneo.

Martyn Lloyd-Jones recomenda que cada pregador deve ler toda a Bíblia pelo menos uma vez por ano.[8] Ao mesmo tempo ele aconselha:

Não leia a Bíblia apenas para encontrar textos para sermões, mas leia-a porque é o próprio alimento que Deus providenciou para a sua alma, leia porque é a Palavra de Deus, porque é o meio pelo qual você conhece a Deus. Leia-a porque é o pão da vida e o maná providenciado para

---

[6] PIPER, John. Op. cit., 1997, p. 43.
[7] STOTT, John R. W. *Between two words...*, p. 201.
[8] LLOYD-JONES, Martyn. *Preaching & preachers...*, p. 172.

alimentar a sua alma, bem como todo o seu ser.[9]

Além da Bíblia, todo pregador deve ser um sério estudante de teologia enquanto viver. Deve também estudar história da igreja, biografias, apologética, bem como outros tipos de leitura.[10] O pregador deve se inteirar da história da igreja, porque a história é a grande intérprete da providência e das Escrituras.[11] A história não pode ser nossa coveira; deve ser nossa pedagoga. Quem não aprende com a história estará fadado a repetir seus erros.

W. A. Criswell, um dos maiores pregadores expositivos do século 20, pastor da Primeira Igreja Batista de Dallas, uma igreja já no tempo do seu pastorado com mais de vinte mil membros, diz que o púlpito requer estudo constante, sem o que nenhum pregador pode atender às necessidades do seu povo. Nenhum homem pode atender às demandas de um púlpito se ele não estuda constante e seriamente.[12] Como um pregador que expôs toda a Bíblia, de Gênesis a Apocalipse em sua igreja, Criswell alerta que o ministro deve ser um estudante em todo lugar. Ele deve consagrar uma parte

---

[9] Idem.
[10] Idem, p. 177-179.
[11] KOLLER, Charles. Op. cit., p. 46.
[12] CRISWELL, W. A. *Criswell's guidebook for pastors*. Nashville: Broadman Press, 1980, p. 64.

específica de cada dia para dedicar-se severa e sistematicamente ao estudo privativo. O pregador precisa estar cheio da verdade de Deus, porque, se a mensagem tem um pequeno custo para o pregador, ela também terá um pequeno valor para a congregação.[13] Criswell faz sua avaliação sobre a pregação contemporânea:

> Não há dúvida de que a maioria dos sermões tem sido rala como uma sopa feita dos mesmos ossos durante o ano inteiro. Muitos pregadores usam clichês vazios de significado. A mensagem de muitos púlpitos tem sido banal e comum. Muitos pregadores estão cansados da sua própria maneira de pregar, visto que eles mesmos não têm fogo, nem entusiasmo, nem zelo, nem expectativa. Nossa pregação precisa alcançar continuamente nova profundidade em graça e em verdade e nova altitude de frescor em conteúdo. Sem essa firme e consistente apresentação do ensino da Santa Palavra de Deus, nosso povo cairá em toda sorte de erro, em muitas conhecidas heresias e se tornará presa fácil de qualquer demagogia eclesiástica que flutue no mercado religioso.[14]

---

[13] Idem, p. 64-65.
[14] Idem, p. 66.

Deus mesmo prometeu dar pastores à sua igreja: *Dar-vos-ei pastores segundo o meu coração, que vos apascentem com conhecimento e com inteligência* (Jeremias 3:15). Se os pastores não forem homens de conhecimento, jamais poderão realizar o seu ministério de ensino e instrução ao povo de Deus. O conhecimento de que fala o profeta Jeremias refere-se tanto ao da mente como o do coração. É o conhecimento da verdade cristã aliado à experiência cristã. É impossível ter graça no coração sem luz na cabeça. É impossível ter experiências gloriosas sem o conhecimento das Escrituras. O conhecimento do coração sem o conhecimento da mente não faz sentido. O conhecimento apenas da mente sem a piedade produz aridez. A experiência sem conhecimento produz emocionalismo e misticismo. Isto é como fogo sem calor, é inútil. John Shaw declara que "os ministros segundo o coração de Deus, em vários aspectos, são aqueles que têm uma mente cheia de conhecimento e um coração cheio de graça. Para um ministro alimentar os seus ouvintes com conhecimento e inteligência sem ser mesmo um homem com conhecimento e inteligência seria tão impossível como ver sem os olhos ou ouvir sem os ouvidos".[15]

Infelizmente, há muitos pregadores despreparados no púlpito. Jay Adams comenta:

---

[15] SHAW, John. Op. cit., p. 9.

Boa pregação exige trabalho árduo. De tanto ouvir sermões e falar com centenas de pregadores sobre pregação, estou convencido de que a principal responsabilidade pela pobre pregação dos nossos dias é do fracasso dos pregadores em dedicar tempo adequado e mais empenho e energia na preparação dos seus sermões. Muitos pregadores, talvez até mesmo a maioria deles, simplesmente não investem tempo suficiente em seus sermões.[16]

Nós vivemos em um tempo de pregação pobre, aguada e mal preparada.[17] O pregador não pode viver se alimentando de leite magro durante a semana e querer pregar "leite tipo A" no domingo.[18]

Muitos pregadores não têm lidado corretamente com a Palavra de Deus. Muitos têm até mesmo distorcido a mensagem de Deus. Outros ainda têm mercadejado as Escrituras. Não poucos têm furtado a própria Palavra de Deus e pregado filosofias humanas, doutrinas de homens, visões e sonhos de seu próprio coração enganoso.[19] Muitos têm dado pedra em vez de pão ao povo de Deus.

---

[16] ADAMS, Jay. "Editorial: Good Preaching is Hard Work." In: *The Journal of Pastoral Practice* 4, number 2, 1980, p. 1.
[17] EBY, David. Op. cit., p. 11.
[18] VINES, Jerry. Op. cit., p. 51.
[19] Jeremias 23:16,28.

Outros têm dado palha em vez de pastos suculentos para o rebanho de Cristo. Há ainda aqueles que têm dado ao povo de Deus veneno, e não alimento, serpentes, e não peixes, para suas refeições espirituais.

O Brasil tem experimentado um explosivo crescimento das igrejas evangélicas, especialmente as neopentecostais.[20] Embora muitas pessoas sejam alcançadas, a maioria delas não tem recebido um ensino fiel e consistente das Escrituras.[21] Nós temos visto o sincretismo religioso prevalecendo em muitos púlpitos evangélicos.[22] O misticismo tem prosperado largamente no solo brasileiro. Como resultado, temos visto uma geração analfabeta de Bíblia. Muitas pessoas procuram milagres e coisas extraordinárias, mas não o conhecimento da Palavra de Deus. Elas buscam experiência, mas não conhecimento. Estão obcecadas por prosperidade e cura, e não pela salvação. Estão à procura da luz interior, mas não da verdade. As pessoas hoje desejam sentir-se bem, mas não ser confrontadas pela Palavra de Deus.[23] Infelizmente, muitos pregadores que brandem a espada do Espírito não

---

[20] HULSE, Erroll. Op. cit., 1986, p. 105.
[21] VEITH JR., Gene Edwards. *Postmodern times*. Wheaton: Crossway Books, 1994, p. 209; HULSE, Errol. Op. cit., 1986, p. 37, 105.
[22] ANDERSON, Leith. *A church for the twenty-first century*. Minneapolis: Bethany House, 1992, p. 21.
[23] VEITH JR., Gene Edward. Op. cit., p. 118-119.

sabem usá-la com destreza. Carregam a Bíblia, mas desconhecem o seu conteúdo. Pregam-na, mas distorcem a sua mensagem. Eles leem a Bíblia, mas não a interpretam com fidelidade. Tais pregadores ensinam a Bíblia, mas apenas para reforçar seus interesses inconfessos. Usam-na contra ela mesma. Assim, pregam não a Bíblia, mas os pensamentos enganosos de seu próprio coração.

Há também os pregadores liberais. O liberalismo, fruto do racionalismo e do iluminismo, tem entrado nos seminários, subido às cátedras das escolas de teologia e conduzido milhares de estudantes à apostasia. Estes, arrotando uma falsa erudição, sobem ao púlpito, mas seus lábios destilam veneno mortífero. Eles sonegam a Palavra de Deus ao povo e colocam-se acima dela. Dão mais valor à tresloucada sabedoria humana do que à verdade eterna de Deus. O liberalismo nega a inerrância, a infalibilidade e a suficiência das Escrituras. É um veneno mortífero. Onde ele chega, destrói a igreja. O liberalismo tem matado muitas igrejas ao redor do mundo.[24] Eu mesmo já visitei muitos templos vazios nos Estados Unidos, Canadá e em vários países da Europa, onde o rebanho de Deus foi disperso por causa do liberalismo teológico. O pernicioso ensino do liberalismo tem dispersado o

---

[24] RUSSELL, Bob. *When God builds a church: 10 principles for growing a dynamic church*. West Monroe: Howard Publishing Company, 2000, p. 19.

rebanho de Deus onde quer que ele chega. Onde o liberalismo prevalece, a igreja morre. Devemos rejeitar e combater o liberalismo com todas as nossas forças. Tanto o misticismo quanto o liberalismo são perniciosos. Ambos devem ser confrontados com a Palavra de Deus. Ambos se desviaram das Escrituras. Ambos são um estorvo para o crescimento saudável da igreja.

Mais do que nunca estamos precisando retornar ao princípio da Reforma do *Sola Scriptura*. Os ministros precisam estudar as Escrituras com mais intensidade e acuidade. O pregador precisa ter fome da Palavra de Deus (Amós 8:11). Somente a pregação da Palavra de Deus pode levar a igreja à maturidade e produzir os frutos que glorificam a Deus.

A Palavra de Deus é eterna, não muda, não se torna ultrapassada nem desatualizada.

A Bíblia é a biblioteca do Espírito Santo. Foi inspirada pelo Espírito Santo e escrita por homens santos de Deus. Ela foi concebida no céu e nascida na terra. É amada pela igreja e perseguida pelo mundo. É crida pelos fiéis e ultrajada pelos ímpios. A Bíblia é o reservatório inesgotável, de onde bebemos a largos sorvos as riquezas insondáveis do evangelho de Cristo. Ela é pão para o faminto e água para o sedento. É lâmpada para os nossos pés e luz para o nosso caminho. É a bigorna que quebra o martelo dos críticos e espada do Espírito nas mãos dos guerreiros de Deus. Ela tem saído vitoriosa e sobranceira de todas as fogueiras da intolerância. Passa-se o céu e a terra, mas a Palavra de Deus jamais passará. A Palavra de Deus é mais saborosa do que o mel e mais preciosa do que ouro depurado. Por ela nascemos, por ela vivemos e por ela triunfamos na batalha. Não temos outra mensagem a pregar. A ordem apostólica é: *Prega a palavra* (2Timóteo 4:2).

A Palavra de Deus foi o instrumento que Deus usou para trazer grandes reavivamentos na história. A Palavra de Deus produziu a reforma nos dias do rei Josias. Semelhantemente, trouxe vida a Israel quando a nação estava como um vale de ossos secos. Produziu uma grande restauração nos dias de Esdras e Neemias. Em Jerusalém, o reavivamento espalhou-se quando a Palavra de Deus foi proclamada sob o poder do Espírito Santo. Quando a Palavra de Deus foi proclamada pelos crentes, o reavivamento espalhou-se para além das fronteiras de Jerusalém (Atos 8:1-4). O reavivamento de Éfeso foi o resultado do crescimento da Palavra de Deus (Atos 19:20).

Em Tessalônica, o grande despertamento ocorreu como resultado da proclamação da Palavra de Deus (1Tessalonicenses 1:5-8). A Reforma do século 16 foi um retorno às Escrituras. Os grandes reavivamentos da História foram uma restauração da centralidade das Escrituras.[25] O cristianismo é a

---

[25] HULSE, Erroll. Op. cit., 1986, p. 16-17.

religião de um único livro. A mais sublime, mais importante e mais urgente tarefa do pregador é devotar-se ele mesmo ao estudo, observância e pregação da Palavra de Deus (Esdras 7:10).

Infelizmente, a tendência contemporânea está inclinada a remover a centralidade da Palavra de Deus em favor da liturgia.[26] O culto está sendo transformado num festival musical, em que o som e as cores tomaram o lugar do púlpito; os cantores tomaram o lugar do pregador e a *performance*, o lugar da unção. A falta de atenção à pregação da Palavra é um sinal da superficialidade da religião em nossos dias. "Sermõezinhos geram cristãozinhos."[27] "Um cristianismo de sermões pequenos é um cristianismo de fibra pequena."[28] Devemos orar para que os pregadores sejam homens da Palavra! Os pregadores precisam desesperadamente retornar à Palavra de Deus. Todo pregador precisa ter paixão pela Palavra de Deus. Ele deve lê-la, conhecê-la, obedecer-lhe e pregá-la com autoridade e no poder do Espírito Santo.

---

[26] FRAME, John M. *Worship in spirit and truth: a refreshing study of the principles and practice of biblical worship*. Phillipsburg: P&R Publishing, 1996, p. 92.
[27] STOTT, John R. W. *Between two words...*, p. 7, 294.
[28] FORSYTH, P. T. *Positive preaching and the modern mind*. Independent Press, 1907, p. 109-110.

4

UNÇÃO

A AÇÃO DO ESPÍRITO SANTO

SEM A PRESENÇA, a obra, o poder e a unção do Espírito Santo a igreja será como um vale de ossos secos. Sem a obra do Espírito Santo não haverá pregação, não haverá pessoas convertidas e também não haverá crescimento saudável da igreja. A obra do Espírito Santo é tão importante quanto a obra da redenção que Cristo realizou na cruz. Somente o Espírito Santo pode aplicar a obra de Deus no coração do homem. Somente o Espírito Santo pode transformar corações e produzir vida espiritual. "Nenhuma eloquência ou retórica humana poderia convencer homens mortos em seus delitos e pecados acerca da verdade de Deus."[1] Charles H. Spurgeon declara:

---

[1] AZURDIA, Arturo G. Op. cit., p. 14.

> Se eu me esforçasse para ensinar um tigre a respeito das vantagens de uma vida vegetariana, teria mais esperança em meu esforço do que tentar convencer um homem que ainda não nasceu de novo acerca das verdades reveladas de Deus concernentes ao pecado, à justiça e ao juízo vindouro. Essas verdades espirituais são repugnantes aos homens carnais, e uma mente carnal não pode receber as coisas de Deus.[2]

Sem a unção do Espírito Santo nossos sermões tornar-se-ão sem vida e sem poder. É o Espírito quem aplica a Palavra, e ela não opera à parte do Espírito.[3] Na mesma linha de raciocínio, Spurgeon dá o seu conselho aos pregadores: "Nós devemos depender do Espírito em nossa pregação".[4] Spurgeon sempre subia os quinze degraus do seu púlpito dizendo: "Eu creio no Espírito Santo, eu creio no Espírito Santo, eu creio no Espírito Santo".[5] Jay Adams diz que o Espírito Santo transforma tanto o pregador

---

[2] SPURGEON, Charles Haddon. *An All-Round Ministry*. Carlisle: The Banner of Truth Trust, 1986, p. 322.

[3] SIBBES, Richard. *Works of Richard Sibbes*. Carlisle: The Banner of Truth Trust, 1978, vol. 7, p. 199.

[4] SPURGEON, Charles Haddon. *Gems from Spurgeon*. Ashville: Revival Literature, 1966, p. 12.

[5] STOTT, John R. W. *Between two words...*, p. 334; AZURDIA, Arturo. Op. cit., p. 112.

quanto a sua pregação.[6] Arturo Azurdia sabiamente declara:

> O alvo da pregação é diferente de qualquer outro discurso público. O sermão tem objetivos mais profundos. Ele pode, mediante o poder do Espírito, renovar e purificar os corações. Se ele falhar nesse intento, terá fracassado completamente. E ele sempre falhará se não for acompanhado do poder do alto. A renovação da alma é o que nenhum homem com toda a sua riqueza de aprendizado, erudição e poder de comunicação pode fazer. Essa obra não é feita nem por força, nem por poder, mas pelo Espírito de Deus.[7]

Conhecimento é importante, mas não é suficiente. Conhecimento, embora seja vital, nada pode fazer sem a unção do Espírito Santo. Você pode ter conhecimento e ser meticuloso em sua preparação, mas, se não tiver a unção do Espírito, não terá poder e sua pregação não será eficaz.[8]

A unção vem através de uma vida de oração. Outras coisas preciosas são dadas ao pregador através da oração e de outros elementos, mas a unção vem somente de uma vida de oração. Nada

---

[6] ADAMS, J. *Preaching according to the Holy Spirit*. Woodruff: Timeless Text, 2000, p. 83.
[7] AZURDIA, Arturo. Op. cit., p. 116.
[8] LLOYD-JONES, Martyn. *Preaching & preachers...*, p. 308, 319.

revela tanto a pobreza das nossas orações em secreto quanto a ausência da unção do Espírito em nossa vida e pregação. Uma pregação bonita, retoricamente bem elaborada, exegeticamente meticulosa, teologicamente consistente, em geral revela a erudição e a capacidade do pregador. Mas somente a unção do Espírito Santo revela a presença de Deus.[9] À parte da capacitação do Espírito Santo no ato da proclamação, a melhor técnica retórica fracassará totalmente em seu objetivo de transformar aqueles a quem nós pregamos.[10]

Todas as coisas em seu ministério de pregação dependem da presença, do poder e da plenitude do Espírito. A eloquência pode ser aprendida, mas a unção precisa ser recebida do alto. Os seminários podem ensinar os estudantes a ser grandes oradores, mas somente o Espírito Santo pode capacitá-los a ser pregadores cheios de poder. Livros de homilética podem ajudar os pregadores a preparar melhor os seus sermões, mas somente o Espírito Santo pode preparar eficazmente os pregadores. "Unção não se aprende através de retórica. Ela não é conseguida através da imitação de outros pregadores. Somente o Espírito Santo pode conceder unção ao pregador."[11]

---

[9] SANGSTER, W. E. *Power in preaching*. Nashville: Abingdon Press, 1958, p. 107.
[10] AZURDIA, Arturo. Op. cit., p. 12-13.
[11] DABNEY, R. L. Op. cit., p. 117.

Unção representa a efusão do Espírito. Isto não é idêntico à mera animação. Toda paixão do pregador não constitui unção.[12] Assim como os santos sentimentos sugerem uma obra interior do Espírito, a unção enfatiza a manifestação externa do revestimento de poder.[13] A unção é o Espírito Santo descendo sobre o pregador de forma especial, capacitando-o com poder, de tal maneira que ele realiza a obra da pregação de forma tão elevada que passa a ser usado pelo Espírito e se transforma em um canal através de quem o Espírito Santo opera.[14]

Não é bastante apenas pregar sobre o poder; é preciso experimentá-lo. Não é suficiente apenas falar acerca das coisas extraordinárias; é necessário viver uma vida extraordinária. Não é suficiente apenas pregar aos ouvidos; é necessário também pregar aos olhos. Os ouvintes têm ouvido dos pregadores grandes sermões, mas não têm visto grandes obras em sua vida. Pregar sobre o poder do Espírito Santo é uma coisa; viver poderosamente sob a unção do Espírito é outra completamente diferente. Uma coisa é ter o Espírito como residente; outra é tê-lo como presidente. Uma coisa é possuir o Espírito; outra é ser possuído por ele. Uma coisa é ser habitado pelo Espírito Santo; outra é ser cheio do

---

[12] Idem, p. 116.
[13] OLFORD, Stephen F. *Anointed expository preaching*. Nashville: Broadman & Holman Publishers, 1998, p. 217.
[14] LLOYD-JONES, Martyn. *Preaching & preachers...*, p. 305.

Espírito. Quando o Espírito Santo foi derramado no Pentecostes, os discípulos receberam poder para testemunhar (Atos 1:8). Sem poder não há testemunho. Um poderoso testemunho demonstra evidências. Jesus enviou esta mensagem para João Batista quando este estava assaltado por dúvidas na prisão: *Os cegos veem, os coxos andam, os leprosos são purificados, os surdos ouvem, os mortos são ressuscitados, e aos pobres está sendo pregado o evangelho* (Mateus 11:5). Jesus pregou aos ouvidos e aos olhos.

Deus fez grandes coisas através de Filipe em Samaria. Filipe pregou aos ouvidos e aos olhos também. O povo não apenas ouviu, mas viu as maravilhas que Deus realizara por meio de Filipe. O evangelista Lucas relata: *Filipe, descendo à cidade de Samaria, anunciava-lhes a Cristo. As multidões atendiam, unânimes, às coisas que Filipe dizia, ouvindo-as e vendo os sinais que ele operava. Pois os espíritos imundos de muitos possessos saíam gritando em alta voz; e muitos paralíticos e coxos foram curados. E houve grande alegria naquela cidade* (Atos 8:5-8).

Semelhantemente, o apóstolo Paulo pregou sob a influência e poder do Espírito Santo. Ele mesmo testemunha: *porque o nosso evangelho não chegou até vós tão somente em palavra, mas, sobretudo, em poder, no Espírito Santo e em plena convicção, assim como sabeis ter sido o nosso procedimento entre vós e por amor de vós* (1Tessalonicenses 1:5). À igreja de Corinto Paulo diz: *A minha palavra e a minha pregação não consistiram em linguagem persuasiva de sabedoria, mas em demonstração do Espírito e de poder* (1Coríntios 2:4). Jesus dependeu do Espírito Santo desde a sua concepção e nascimento (Lucas 1:35) até a sua morte na cruz (Hebreus 9:14) e durante todo o seu ministério (Atos 10:38). Ele admoestou seus discípulos a não começarem o ministério até que fossem primeiramente revestidos com o poder do alto (Lucas 24:49). No capítulo 1 de Atos vemos uma igreja de portas fechadas. A descrição daquela igreja é bem parecida com a maioria das igrejas hoje: gostam da comunhão, das orações, do estudo da Palavra, da eleição de oficiais. Mas, quando o Espírito Santo desceu sobre os crentes no dia de Pentecostes, as portas foram abertas e a igreja de Deus começou a impactar a cidade e o mundo.[15]

As Escrituras repetidamente revelam a estreita conexão entre a vinda do Espírito Santo e a subsequente proclamação da Palavra de Deus (Números 11:29; 2Samuel 23:2; 2Crônicas 24:20; Neemias 9:30; Ezequiel 11:5). No livro de Atos, Lucas menciona o poder do Espírito Santo em conexão com o testemunho do evangelho pelos discípulos (1:8; 2:1-14; 4:8; 4:31; 6:3,8,10; 8:4-8; 9:17-22; 11:24-26; 13:1-5,9-12).

---

[15] WIERSBE, Warren. *The dynamics of preaching*. Grand Rapids: Baker Book House, 1999, p. 104-105.

Muitos pregadores e igrejas têm perdido a unção do Espírito Santo. Muitas igrejas têm influência política, riqueza, erudição, boa organização, belos templos, sofisticada tecnologia, eruditos pastores, mas não têm poder. A obra de Deus não é realizada através da força e da inteligência humanas, mas pelo poder do Espírito Santo (Zacarias 4:6).

Os pregadores geralmente recusam-se a admitir que estão vazios do poder de Deus. Contudo, como eles querem impressionar as pessoas, buscam substitutos para esse poder, comprando um novo sistema de som para a igreja, modificando a liturgia do culto para provocar impressões mais fortes no auditório, introduzindo novos programas para substituir a ineficácia da pregação, pregando sermões mais curtos, dando maior ênfase à *performance* dos grupos musicais.[16] Alex Montoya comenta que essas coisas não substituem a falta da presença e operação do Espírito Santo em nossa vida. Elementos artificiais não podem dar vida a um sermão morto pregado por um pregador destituído do Espírito.[17] Se quisermos alcançar os ouvidos dos santos e dos pecadores, o que mais necessitamos em nosso ministério é da unção do Espírito Santo.[18] Nada

---

[16] MONTOYA, Alex. *Preaching with passion*. Grand Rapids: Kregel Publications, 2000, p. 22.
[17] Idem, p. 22-23.
[18] OLFORD, Stephen F. Op. cit., p. 227.

supera a importância da unção do Espírito na vida do pregador. "Cuidadosa preparação e a unção do Espírito Santo jamais devem ser consideradas como alternativas, mas como duas coisas absolutamente necessárias que se completam uma à outra."[19]

O grande evangelista Dwight Moody recebeu uma unção especial para pregar a Palavra de Deus depois que duas humildes mulheres metodistas oraram por ele em Chicago. Elas lhe disseram: "Você precisa do poder do Espírito Santo". Então ele pediu para orarem com ele e não simplesmente por ele. Pouco tempo depois as orações daquelas mulheres foram respondidas, quando Moody estava em Nova York. O próprio Moody relata a sua experiência:

> Eu estava chorando todo o tempo, pedindo a Deus que me enchesse com o seu Espírito. Bem, certo dia, na cidade de Nova York – oh, que dia! – não posso descrevê-lo [...] só posso dizer que Deus se revelou para mim, e tive tal experiência do seu amor que foi preciso pedir-lhe para suspender a sua mão. Voltei a pregar. Os sermões não eram diferentes; não apresentei novas verdades; todavia, centenas de pessoas foram convertidas. Não queria voltar ao ponto em que estava antes

---

[19] LLOYD-JONES, Martyn. *Preaching & preachers...*, p. 305.

dessa bendita experiência, nem que me dessem o mundo inteiro.[20]

O que Deus fez na vida de muitos pregadores no passado, como Lutero, Calvino, Hugh Latimer, John Bradford, George Whitefield, John Wesley, Howel Harris, Daniel Howland, Jonathan Edwards, Dwight Moody e outros, ele pode fazer novamente. Martyn Lloyd-Jones escreve sobre a urgente necessidade de procurarmos o Espírito Santo e o seu poder. Ele diz:

> O que faremos diante dessas coisas? Só existe uma conclusão óbvia. Procuremos o Espírito Santo! Procuremo-lo! O que nós poderíamos fazer sem ele? Procuremo-lo! Procuremo-lo sempre. Mas devemos ir além de procurá-lo; devemos esperá-lo [...]. A unção do Espírito é a nossa suprema necessidade. Procuremo-la até a encontrarmos. Não se contente com nada menos do que a unção do Espírito. Prossiga até você poder dizer: "A minha palavra e a minha pregação não consistiram em linguagem persuasiva de sabedoria, mas em demonstração do Espírito e de poder". Deus é e sempre será poderoso para fazer infinitamente mais do que pedimos ou pensamos conforme o seu poder que opera em nós.[21]

---

[20] DUEWEL, Wesley L. *Em chamas para Deus*. São Paulo: Candeia, 1996, p. 284.
[21] LLOYD-JONES, Martyn. *Preaching & preachers...*, p. 325.

5

PAIXÃO

Lógica em fogo

Pregação é lógica em fogo! Pregação é razão eloquente! Pregação é teologia em fogo, é teologia vinda através de um homem que está em fogo.[1] John Stott comenta que Martyn Lloyd-Jones colocou o dedo sobre um ponto crucial. Para que a pregação tenha fogo, o pregador precisa ter fogo, e esse fogo só pode vir do Espírito Santo. Os nossos sermões jamais pegarão fogo, a menos que o fogo do Espírito Santo queime em nosso próprio coração.[2] "Quando estivermos apaixonados por Deus, nossa pregação será cheia de paixão."[3] A luz e o fogo, a verdade e a paixão devem andar juntos. Quando Jesus expôs a verdade aos discípulos no caminho de Emaús, seus corações foram inflamados e começaram a arder (Lucas 24:32).

---

[1] Idem, p. 97.
[2] Stott, John R. W. *Between two words...*, p. 285.
[3] Montoya, Alex. Op. cit., p. 22.

Nenhum homem pode ser um grande pregador sem grandes sentimentos.[4] O biógrafo John Pollock, escrevendo sobre a vida de George Whitefield, diz que ele raramente pregava um sermão sem lágrimas nos olhos.[5] Da mesma forma, Moody raramente falava a uma alma perdida sem lágrimas em seus olhos.[6] O pregador deve ser um homem de coração quebrantado pregando para homens de corações quebrantados. Richard Baxter entendeu a pregação como uma apaixonante e urgente tarefa. Dizia ele: "Eu prego como se jamais fosse pregar novamente; eu prego como se estivesse morrendo, para homens que estão morrendo".[7] É impossível pregar efetiva e eficazmente a Palavra de Deus sem paixão. "Pregação sem paixão não é pregação."[8]

Um pregador, certa feita, perguntou a Macready Garrick, um grande ator inglês, como ele poderia atrair grandes multidões para assistir a uma ficção, enquanto ele estava pregando a verdade e

---

[4] ALEXANDER, James W. *Thoughts on preaching*. London: The Banner of Truth Trust, 1975, p. 20.
[5] POLLOCK, John C. *George Whitefield and the great awakening*. London: Hodder & Stoughton, 1973, p. 263.
[6] STOTT, John R. W. *Between two words...*, p. 276.
[7] BAXTER, Richard. *Poetical fragments*. London: Gregg International Publishers, 1971, p. 39-40; STOTT, John R. W. *Between two words...*, p. 277; LLOYD-JONES, Martyn. *Preaching & preachers...*, p. 86.
[8] MURRAY, John. *Collected works*. Edinburgh: The Banner of Truth Trust, 1982, vol. 3, p. 72.

não ajuntava grandes multidões para ouvi-lo. O ator respondeu: "Isso é simples. E posso explicar-lhe a diferença que existe entre nós. É que eu apresento a minha ficção como se fosse verdade; e você apresenta a sua verdade como se fosse ficção".[9] John Etter comenta:

> Entendemos a realidade da nossa pregação – pecado e salvação, céu e inferno, imortalidade e responsabilidade humana? O jurista, o legislador e o homem de Estado não têm tais temas; no entanto, eles são geralmente mais eloquentes do que nós. O púlpito é envergonhado com a eloquência superior das barras dos tribunais.[10]

Como pregadores precisamos pregar com íntima convicção e paixão. Devemos crer profundamente na mensagem que pregamos. Devemos colocar nosso coração em nossa pregação. As pessoas podem até rejeitar a nossa pregação, mas jamais duvidar da nossa sinceridade. John Stott comenta o seguinte fato:

---

[9] MORGAN, George Campbell. *Preaching.* Grand Rapids: Baker Book House, 1974, p. 36; STOTT, John R. W. *Between Two Words...,* p. 284.
[10] ETTER, John W. *The preacher and his sermon: a treatise on homiletics.* Dayton: United Brethren Publishing House, 1893, p. 45.

David Hume era um filósofo deísta britânico do século 18, que rejeitou o cristianismo histórico. Certa feita um amigo o encontrou apressado caminhando pelas ruas de Londres e perguntou-lhe aonde ia. Hume respondeu que estava indo ouvir George Whitefield pregar. "Mas certamente", seu amigo perguntou atônito, "você não crê no que George Whitefield prega, crê?" "Não, eu não creio", respondeu Hume, "mas ele crê no que prega".[11]

A pregação apaixonada deve ser feita com o coração em chamas, pois não é um ensaio lido para um auditório desatento. A pregação é uma confrontação em nome do próprio Deus Todo-poderoso. Ela precisa ser anunciada com uma alma em chamas, na autoridade do Espírito Santo. A. W. Criswell cita John Wesley: "Ponha fogo no seu sermão, ou ponha o seu sermão no fogo".[12]

Somente um pregador revestido com paixão pode ser um poderoso instrumento nas mãos de Deus para produzir impacto nos corações. John Stott cita Chad Wash: "A verdadeira função do pregador é incomodar as pessoas que estão acomodadas e acomodar as que estão incomodadas".[13] John Nilton disse que "o propósito da pregação é

---

[11] STOTT, John R. W. *Between two words...*, p. 270.
[12] CRISWELL, W. A. Op. cit., p. 54.
[13] STOTT, John R. W. *Between two words...*, p. 314.

quebrar os corações duros e curar os corações quebrados".[14] O pregador deve ser um filho do trovão e um filho da consolação e, geralmente, ambos no mesmo sermão.[15]

Geoffry Thomas diz que um dos grandes perigos que os pregadores enfrentam na fé reformada é o problema do hiperintelectualismo.[16] Mas é preciso enfatizar que uma pregação intelectual não é uma pregação sem paixão. Na verdade, uma pregação intelectual e bem elaborada faz a verdade simples.[17] Montoya observa com muita clareza:

> Necessitamos de paixão em nossa pregação. O pregador bíblico e conservador precisa estar absolutamente consciente da necessidade de equilíbrio entre a sólida exposição e a apaixonada apresentação da exposição. *Como* nós pregamos o sermão é tão importante quanto *o que* nós pregamos.[18]

---

[14] POLLOCK, J. *Amazing grace*. London: Hodder & Stoughton, 1981, p. 155.
[15] DAVIES, Horton. "Expository preaching: Charles Haddon Spurgeon". In: *Foundations* (January), 6:14-25, 1963, p. 13; STOTT, John R. W. *Between two words...*, p. 315.
[16] THOMAS, Geoffry. "Powerful Preaching". In: *The preacher and preaching*. Phillipsburg: Presbyterian and Reformed Publishers, 1986, p. 369.
[17] MONTOYA, Alex. Op. cit., p. 16.
[18] Idem, p. 11.

Um pregador sem paixão cria uma audiência sem paixão. A falta de paixão e de vida nos sermões põe o povo para dormir em vez de despertá-lo. Montoya ilustra:

> Um pregador, olhando para o seu auditório durante a sua prédica, observou que um senhor idoso estava dormindo enquanto ele pregava. Então, disse para o jovem garoto que estava sentado perto do ancião sonolento: "Menino, você poderia fazer a gentileza de acordar seu avô que está dormindo ao seu lado?". O menino prontamente respondeu: "Por que o senhor mesmo não o acorda, já que foi o senhor quem o colocou para dormir?"[19]

É chegado o tempo de restaurarmos a pregação ao seu lugar de absoluta primazia. Deus requer uma pregação ungida, apaixonada, inflamada pelo fogo do Espírito. O mundo carece desesperadamente de pregações cheias de vigor e paixão. Não há espaço no púlpito para pregadores frios, sem vida e sem paixão. O púlpito sem poder endurece o coração dos ouvintes. Um pregador sem paixão é uma contradição de termos. O pregador sem o calor do Espírito deveria recolher-se ao silêncio até que as chamas voltassem a arder em seu coração.

---

[19] Idem, p. 13.

Quando perguntaram a Moody como começar um reavivamento na igreja, ele respondeu: "Acenda uma fogueira no púlpito". O pregador pode ser uma bênção na igreja ou será uma maldição. Neutro ele não pode ser. Devemos glorificar a Deus através de uma pregação bíblica, fiel, ungida, cheia de paixão, com maior senso de urgência para a salvação dos perdidos e para a edificação dos santos. Finalizando, veja a ilustração de Charles Spurgeon:

> Um homem foi soterrado acidentalmente por uma barreira que desabou, e muitos estavam cavando energicamente para libertá-lo. No local estava alguém indiferente, apenas contemplando o drama, quando foi informado: "É seu irmão quem está lá embaixo". Estas palavras operaram nele uma imediata mudança; no mesmo instante pôs-se a trabalhar febrilmente para resgatá-lo. Se realmente desejamos salvar nossos ouvintes da ira vindoura, é preciso que sintamos simpatia, compaixão e ansiedade; numa frase: paixão e amor ardente. Que Deus nos conceda tais sentimentos.[20]

---

[20] SPURGEON, Charles Haddon. *Um ministério ideal*, p. 69.

CONCLUSÃO

Depois de percorrer todo o Brasil, de pregar em mais de mil igrejas, de várias denominações em nossa pátria e no exterior, de ouvir pastores e membros de igrejas, de analisar cuidadosamente a situação da igreja evangélica brasileira, estou convencido de que a nossa maior necessidade é de uma profunda restauração espiritual na vida dos pastores e pregadores. Há pastores que pregam o evangelho da salvação sem jamais terem sido convertidos. Há pastores que entraram para o ministério sem qualquer chamado divino e não têm nenhuma convicção de sua vocação. São profissionais da religião sem qualquer pendor para cuidarem do rebanho de Deus. Há pastores preguiçosos no ministério que jamais se afadigam na Palavra. Querem os jardins floridos do reconhecimento, mas não o deserto das provas. Querem o bônus da obra, mas não o ônus do sacrifício. Há pastores que estão confusos doutrinariamente e seguem as últimas novidades da fé, deixando o rebanho à mercê dos falsos mestres. Há pastores doentes emocionalmente, que precisam ser tratados em vez de estar cuidando dos aflitos. Há pastores que estão vivendo em pecado e cuja consciência já está cauterizada pela falta de temor a Deus. Oh, como precisamos de um reavivamento na vida dos pastores!

Como pastores, não podemos nos acostumar com o sagrado a ponto de perdermos a sensibilidade com as coisas de Deus; não podemos ler a Bíblia apenas como profissionais da pregação; não podemos apascentar o rebanho sem nutrir a nossa própria alma. A ovelha mais necessitada de pastoreio na igreja é aquela que vemos diante do espelho. Primeiro precisamos cuidar de nós mesmos; só depois, estaremos aptos para cuidar de todo o rebanho de Deus.

Em muitos redutos cristãos, porém, há uma grande crise entre os pastores e a liderança da igreja. Há pastores que estão sendo massacrados por líderes despóticos e carnais. Há pastores que fazem a obra de Deus gemendo porque aqueles que deveriam sustentar seus braços tornam-se seu maior tormento. Há pastores que estão doentes emocionalmente, porque em vez de receberem encorajamento, só recebem críticas e críticas as mais impiedosas. Quando a liderança da igreja gasta sua energia em disputas internas, a igreja perde seu vigor espiritual. Precisamos de um sopro de Deus na vida da liderança da igreja, a fim de que pastores e presbíteros, diáconos e obreiros sejam o modelo do rebanho em vez de serem os dominadores do rebanho.

Vejo, com pesar, ainda, muitos pastores desejando ardentemente ter um trabalho secular para não dependerem da igreja. Assim, o ministério torna-se um "bico" e o pastorado passa a ser realizado sem a paixão necessária e sem a dedicação exclusiva. O ministério requer dedicação plena. Não podemos nos distrair com outras coisas. O apóstolo Paulo só fez tendas quando as igrejas deixaram de sustentá-lo. Porém, ele dá seu testemunho: *Assim ordenou também o Senhor aos que pregam o evangelho que vivam do evangelho* (1Coríntios 9:14).

Por outro lado, vemos em muitos lugares, pastores autoritários que colocam a si mesmos no pedestal e revestem-se de muito poder eclesiástico e pouca piedade pessoal. Acendem as luzes da ribalta sobre si mesmos e exigem ser aplaudidos por suas ovelhas, requerendo delas honras especiais. Em vez de servirem às ovelhas de Cristo, servem-se delas. Em vez de apascentá-las com amor, dominam sobre elas com rigor. Esses pastores apascentam a si mesmos, maltratam as ovelhas e desonram a Cristo, o dono das ovelhas.

É mister que os pastores voltem ao seu primeiro amor, restaurem o altar da vida devocional, deixem de lado as coisas urgentes e comecem a gastar tempo com o que é importante. É necessário que os pastores se consagrem à oração e ao ministério da Palavra. É importante que se tornem urgentemente reparadores de brechas, homens de lágrimas, que chorem por si mesmos e pelo povo de Deus. É preciso que sejam santos, piedosos, cheios do Espírito, ganhadores de almas, prontos a viver e a morrer pela causa do evangelho.

É da mais alta importância que haja uma conexão entre o púlpito e os bancos, entre os pastores e as ovelhas. Bancos sem oração fazem púlpito sem poder. É de vital importância que os crentes não apenas recebam instrução de seus pastores, mas também intercedam incansavelmente por eles. Os crentes precisam amar seus pastores, assisti-los, encorajá-los e obedecer-lhes, para que não façam a obra de Deus gemendo. Que Deus nos dê a alegria de ver um tempo de restauração em nossas igrejas, começando por seus pastores. Oh, que Deus nos visite com um poderoso reavivamento espiritual, trazendo sobre a igreja um novo alento! Que os pastores sejam vasos cheios do Espírito! Que sejam homens de oração e jejum! Que vivam piedosamente! Que preguem com poder! Que experimentem uma grande colheita, para o louvor da glória do nosso Bendito Salvador! ·

Sua opinião é importante para nós.
Por gentileza, envie-nos seus comentários pelo e-mail:

editorial@hagnos.com.br

Visite nosso site:

www.hagnos.com.br